정리를 해야 하는 이유 중 하나는 사람답게 살기 위해서다.

KB096474

정리를 하는 것은 자기 자신을 위한 것이고 자기 자신을 사랑하는 일이다.

정리의 시작은 쓸모없는 잡동사니를 버리는 일이다.

정리한 후에 정리를 유지하는 것이 진정한 정리다.

인생을 바꾸는 정리 기술

인생을 바꾸는 정리 기술

초판 1쇄 발행 2019년 04월 11일
초판 4쇄 발행 2021년 01월 25일

지은이 | 윤정훈
펴낸이 | 전영화
펴낸곳 | 다연
주　소 | 경기도 고양시 덕양구 은빛로 41, 502호
전　화 | 070-8700-8767
팩　스 | 031-814-8769
이메일 | dayeonbook@naver.com
편　집 | 미토스
본　문 | 디자인 [연:우]
기　획 | 출판기획전문 (주)엔터스코리아

ⓒ 윤정훈

ISBN 979-11-87962-20-5 (03320)

이 도서의 국립중앙도서관 출판예정도서목록(CIP)은 서지정보유통지원시스템 홈페이지
(http://seoji.nl.go.kr)와 국가자료종합목록시스템(http://www.nl.go.kr/kolisnet)에서
이용하실 수 있습니다. (CIP제어번호 : CIP2019012276)

인생을 바꾸는 정리기술

물건과 공간, 인생을 디자인하다

윤정훈 지음

다연
DAYEONBOOK

공간은 한정적인데 왜 물건에 내어주고 물건의 하인이 되어 사는 것일까?

공간의 주인은 사람이다!

정리와의 만남
그리고 인생의 새로운 시작

정리 컨설턴트와 정리수납 강사로 활동하면서 나는 생각보다 많은 사람이 정리 문제로 극심한 스트레스를 받고 있음을 알게 되었다. 주변에 잔뜩 쌓인 물건을 정리하려고 시도하다가 끝내 감당하지 못해 정리를 포기하고 산다.

임신우울증으로 집안일을 놓다 보니 어느새 집 안에서 걸어 다닐 수조차 없게 된 고객, 지병으로 앓아누운 남편을 간병하며 아내 혼자 살림을 도맡다 보니 집 안 정리는 엄두도 못 낸 노부부, 아내가 집 안을 제대로 정리하지 못해 가출해버린 남편 등등 많은 가정이 이런저런 사연을 품은 채 정리와 담을 쌓고 있었다.

도대체 왜 우리는 물건들을 제대로 정리하지 못하고 물건들에 공간을 다 내어주며 살아가는 걸까? 어떻게 하면 정리를 잘하고, 물건들에 종속되지 않고 살아갈 수 있을까? 이러한 생각이 이 책을 집필한 동기다.

몇 년 전, 68평 아파트에 혼자 사는 남성의 집을 방문한 적이 있다. 그 집으로 가면서 나는 고개를 갸웃했다.

'68평을 혼자 쓰는데 무슨 정리가 필요하지?'

그러나 이내 의문은 사라졌다. 집 안 곳곳에 널브러져 있는 옷가지들, 제자리를 잃고 방치된 물건들……

'아, 68평짜리 집에 사는 사람에게도 정리가 필요하구나!'

큰 집에 살든 작은 집에 살든, 혼자 살든 여럿이 살든 그건 중요하지 않다. 물건을 사용하는 사람이라면 누구에게나 정리가 필요하다. 사실 누구나 정리를 하긴 한다. 그런데 정리를 해도 얼마 지나지 않아 다시 어질러져 있다면? 정리하는 방법에 문제가 없는지 한번 돌아봐야 한다.

20년간 컴퓨터용품 관련 사업을 하면서, 나 역시 집과 사무실, 공장을 아무리 치워도 정리가 되지 않아 좌절한 경험이 있다. 수많은 시간을 집, 사무실, 공장의 정리에 소비하면서 '이러다가는 물건에 짓눌려 제명에 못 살겠다'라는 생각까지 했었다. 그러던 어느 날 문득 이런 생각이 들었다.

'정리를 하는데도 왜 자꾸 난잡해지는 거지? 정리 방법에 문제가 있는 건가? 정리한 뒤 원상태로 돌아가지 않는 제대로 된 정리 방법이 따로 있는 건가?'

이러한 고민과 호기심에서 시작한 정리수납은 나를 정리수납 전문가라는 새로운 인생으로 이끌어주었다.

요컨대 이 책은 정리의 기술을 담고 있다. 우리에게 왜 정리가 필요한지 그 이유를 정확히 짚어준 뒤, 정리를 하고 난 후 원상태로 돌아가지 않도록 물건에 자리를 만들어주는 방법, 최적의 공간을 활용하는 방법 등 정리수납법을 알려줄 것이다. 나는 이것을 '실패하지 않는 정리의 기술'이라고 부른다.

내게 정리수납법을 배운 수많은 수강생이 이구동성으로 하는 말이 있다.

"집 안을 정리했더니 가족들이 저를 대하는 태도가 달라졌어요. 특히 남편이 달라졌어요."

"생전 청소를 안 했는데 이제 정리하고 청소하는 일이 즐거워졌어요. 그러다 보니 생활이 즐거워지고 삶에 에너지가 생긴 것 같아요."

"아이의 방을 정리한 뒤부터 아이가 책상에 앉아서 오랫동안 공부하고 있어요."

좋은 사람과 있으면 기분이 좋아지고 에너지가 생기는 것처럼, 정리 또한 그런 효과를 불러온다. 지금부터 잡동사니를 버리고 자신이 좋아하는 물건만 곁에 둬보자. 그러면 상쾌한 기분이 유지되고 좋은 에너지가 생겨날 것이다. 정리 덕분에 공간을 더욱 깔끔히 사용하게 되고, 어질러진 예전 상태로 돌아가지 않으려 노력함으로써 좀 더 쾌적한 환경이 되었음을 알 수 있을 것이다.

정리하는 습관을 들이면 인생이 달라진다. 나 자신은 물론 가족과 주변 사람들도 변화하는 놀라운 경험을 할 수 있다. 나는 이 책을 계기로 좀 더 많은 사람이 자신의 공간을 잘 정리하길 바란다. 정리를 통해 인생 자체가 완전히 바뀌는 행복한 경험을 하게 되기를 기대한다. 이 책이 그 길을 밝혀줄 것이다.

윤정훈

CONTENTS

정리란 무엇인가
Chapter 1 : 가슴 뛰는 인생을 만들어주는 정리

버리는 기술
Chapter 2   : 버리면 보이는 자유와 행복

이것만 알아도 정리의 달인
Chapter 3   : 실패하지 않는 정리의 기술

Chapter 4 공간별 심플한 정리
: 즐겁고 행복한 공간으로 만들기

Chapter 5 물건별 심플한 정리
: 물건에 돌아갈 집을 만들어준다

정리를 통해 얻게 되는 것들

Chapter 6
: 자유, 꿈, 행복을 가슴에 품게 해준다

Chapter 1

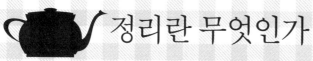

정리란 무엇인가

: 가슴 뛰는 인생을 만들어주는 정리

인생을 바꾸어준 정리

1998년 햇볕도 들지 않는 두 평 남짓한 지하창고에서 사업을 시작한 이래, 나는 지금까지 공장과 사무실을 무려 열일곱 번 옮겨 다녔다. 남들은 평생 네다섯 번 정도 이사한다는데, 남들보다 이사 경험이 세 배 이상 많은 셈이다. 1년에 한 번 이상 이사를 한 적도 여러 번이다.

이사를 자주 한 까닭은 회사가 빠른 속도로 성장해 나아갔기 때문이다. 단 한 번도 작은 평수로 이사를 간 적은 없다. 회사가 성장하는 만큼 직원이 늘고 매출도 상승하니 이보다 기쁘고 행복한 일이 또 있을까. 하지만 행복한 만큼 나를 힘들고 지치게 하는 것이 있었다.

첫째, 직원이 많아진 만큼 물건과 작업 도구 관리가 무척 힘들었다. '나 하나쯤이야' 하는 생각으로 정리에 소홀한 직원들이 점점 늘면서 '저 사람도 안 하는데 내가 왜 해?'라는 생각이 직원들 사이에서 들불처럼 번져갔다. 정리를 잘하지 않는 직원들에게 좋게 이야기하였으나, 직원들은 내 앞에서 치우는 시늉만 했다. 시간이 갈수록 나의 말을 잔소리처럼 여긴 직원들과의 갈등은 점점 커져갔다. 결국 벙어리 냉가슴 앓듯 '내가 치우고 말지'라는 생각에 더욱 힘들었다.

둘째는 회사가 커진 만큼 공간은 넓어졌지만 오히려 공간이 부족한 회사가 되었다. 사무실 공간이 크면 물건의 수납 및 정리가 잘되어 깔끔하고 쾌적한 환경이 만들어질 줄 알았는데 현실은 그렇지 않았다. 회사가 커질수록 점점 보관해야 할 물건이 넘쳐났다. 수납에 대한 규칙이 없다 보니 갈수록 어지럽고 혼란스러운 공간이 되었다.

이러한 상태는 심각한 문제를 초래했다. 빠른 시간 내에 상품을 찾을 수 없어서 방문한 고객을 빈손으로 돌려보내기 일쑤였고, 쌓여 있는 물건들 틈에서 재고 파악이 안 돼 물건을 다시 주문하는 일이 반복되었다.

크고 작은 손해가 발생하자 나에게 정리정돈은 단순한 문제가 아니었다. 잔뜩 어질러진 사무실, 수백 가지 이상의 부품과 자재가 쌓여 있는 공장도 모자라 집 역시 정리되지 않아 나는 무척 답답했다. 퇴근 후 지친 몸을 이끌고 집에 돌아가면 잠시라도 앉아서 쉬고 싶은데 소파에도 침대에도 온갖 잡동사니가 쌓여 있어서 편히 쉴 공간이 없었다. 사무실도, 공장도, 집도 위로는커녕 스트레스를 주는 공간이 되었다는 사실이 나를 더욱 괴롭게 만들었다.

사정이 이러하니 집, 사무실, 공장의 정리는 늘 내 몫이었다. 정리되지 않은 공간에서도 아무렇지 않게 생활하는 직원, 가족 들은 예민하게 반응하는 나를 오히려 이상하게 생각했지만 나는 도저히 참을 수가 없었다. 결국 내가 발 벗고 나서서 정리할 수밖에 없었다. 정리하고 또 정리하고, 정리돼 있던 것들이 원상태로 돌아가면 다시 또 정리하고……. 집과 사무실, 공장을 오가며 무려 15년 이상 반복해서 정리하다 보니 나도 모르게 이런 말이 튀어나왔다.

"이렇게 정리되지 않는 집과 사무실, 공장을 두고 내가 죽을 때 편히 눈 감을 수 있을까!"

"내가 사업을 할 게 아니라 남의 사무실이나 공장 다니면서 정리해주면 더 큰돈을 벌겠다!"

다소 감정적이라 느껴질 수도 있지만, 그만큼 집 안팎으로 정리 안 된 모습이 나를 괴롭혔다.

사실 난 그런 말을 하면서도 내가 진짜 정리수납 전문가가 되리라고는 상상조차 못 했다. 영화 〈월터의 상상은 현실이 된다〉처럼 지구 반대편으로 날아가 180도 달라진 인생을 경험한 것은 아니지만, 정리수납으로 말미암아 나의 직업도, 나의 인생도 확 바뀌었다.

전단지 한 장이 인생을 바꾸어줄 거라고 누가 상상이나 했을까. 그때 '정리수납 2급 수강생 모집'이라는 전단지를 보지 못했다면 지금의 나는 없었을 것이다. '내가 모르는 정리수납 노하우가 있지 않을까?', '이 수업을 들으면 정리를 잘하게 되지 않을까?'라는 생각이 나를 정리수납 전문가의 길로 인도해주었다. 쉰이 넘은 나이에 전단지 한 장으로 정리수납의 세계를 만나고 새로이 도전하다니!

돌이켜보건대 나는 행운아다. 단지 내가 갖고 있는 물건을 정리했을 뿐인데 인생 전반을 새롭게 꾸미고 다시 한번 도약할 기회를 갖게 되었으니 말이다.

나는 진심으로 이렇게 생각한다.

'정리야, 반갑다!'

'정리수납'이라는 인생의 또 다른 문

2013년 여름, 나는 필리핀에서 1년 6개월간의 사업을 접고 도망치다시 피 한국으로 돌아왔다. 사업 실패로 절망한 나는 카지노에 마지막 희망을 걸고, 사업 정리 후 남은 돈 전부를 카지노에 쏟아부었다. 그리고 한 달 만 에 몽땅 날려버렸다.

한국으로 돌아오기 하루 전날, 수중에 남은 돈이 달랑 몇 푼이라는 사실이 믿기지 않아 나는 주머니와 지갑을 몇 번이고 뒤지며 제발 꿈이길 바랐다.

'내일 아침 공항까지 갈 차비가 없다니…….'

한 달간 카지노에 미쳐서 지내다 보니 누군가에게 차비를 빌릴 형편도 못 되었다. 아니, 아무리 실패자라는 낙인이 찍혀서 돌아가는 형편이라도 차비까지 빌려서 도망치는 망나니는 되고 싶지 않았다.

하늘이 무너져도 솟아날 구멍이 있다고 했던가. 물건을 정리하던 도중 집에서 사용하던 프린터가 눈에 들어왔다. 평소 잘 알고 지내는 사장에게 전화를 걸었다.

"사장님, 안녕하세요? 혹시 프린터 필요하지 않나요?"

급한 마음에 2만 페소(당시 한화 30만 원)가 넘는 프린터를 단돈 2,000페소만 달라고 하자 상대는 의심스러운 듯 몇 번이고 이상이 없는 거냐고 물었다. 내가 사용하던 것이니 당연히 이상 없다고 여러 차례 설득한 뒤에야 나는 겨우 공항까지 갈 차비를 손에 쥘 수 있었다.

결국 나는 수백만 원이 넘는 기계와 사용하던 컴퓨터 등 상당한 물건을 정리하지 못한 채 맨몸으로 귀국했다. 물건들을 한국으로 부칠 화물비도 없었고, 기계를 가져간다고 한들 다시 쓸지 알 수 없었기 때문에 모든 물건을 그곳에 두고 왔다. 한몫 잡아서 큰 성공을 거두리라는 처음의 포부와 달리 필리핀에서의 생활은 처참한 실패로 끝나버렸다.

불행은 여기서 끝나지 않았다. 귀국한 나에게 더 큰 실패가 기다리고 있었다. 그래도 한국에서는 자리를 잡고 있었기에 열심히 노력하면 필리핀에서 본 손해를 금방 메울 수 있으리라 기대했다. 매출이 다소 떨어지기는 했지만 내 평생의 꿈인 나만의 공장을 오가며 활기를 찾아갈 즈음, 거래처 사장에게서 충격적인 얘기를 들었다.

공장 원가 1만 원에 3,000원 더 붙여 공급하던 제품이 중국산으로 8,000원에 풀렸다는 소식이었다. 공급가 5,000원 차이는 내가 넘을 수 없는 산이었다. 중국산과 경쟁하기 위해 가격을 임의로 낮춘다면 당장은 매출을 올릴 수 있어도 장기적으로는 재료비와 인건비조차 건지지 못할 수 있었다. 재기의 발판을 마련해줄 공장을 접을 것인가, 말 것인가. 나는 큰 고민에 빠졌다. 그러나 망설이고 말고 할 시간이 없었다. 결국, 내 평생의 꿈이고 나의 전부이던 공장을 폐쇄하기로 결정했다. 이 결정은 마치 나의 인생 해고 통지서 같았다.

나의 존재 이유였던 공장을 접은 후 나는 날개 잃은 천사처럼 추락했고 지독하게 방황했다. 사무실까지 폐쇄한 것은 아니었으나 필리핀에서의 실패와 공장 폐쇄는 나에게 큰 상처를 남겼다. 필리핀에 있는 동안 나를 대신하여 사무실을 맡아보던 아내는 안간힘을 다해 열심히 일했지만 나는 좀처럼 일할 의지가 생기지 않았다. 그런데 신기하게도 사장실에 물건이 여기저기 쌓여갔다. 물건이 어찌나 많은지 문을 열고 책상까지 가려면 물건 사이사이를 헤치고 짧은 거리를 지나가야 했다. 나중에는 그게 내 물건인지조차 구분되지 않을 정도였다.

그러던 어느 날, 외근을 하고 돌아오니 사무실이나 매장에 있어야 할 판매 제품이 사장실 한쪽에 위태롭게 높이 쌓여 있었다.

'이 정도면 이 회사에서 나는 아무것도 아니구나.'

평소의 나였으면 화를 내면서 주변을 정리했겠지만 사장실에 쌓여 있는 물건들을 건드릴 의욕도 의지도 없었다.

그 와중에 온라인 사업을 시도했는데 성급하게 시작해서인지 보기 좋게 실패했다. 그 실패로 인한 상처 때문일까. 어느 날 식당에서 점심을 먹고 나오다가 심장에 무리가 와서 바닥에 쓰러지고 말았다. 몸이 마비되고 입술이 굳어버려 살려달라는 말 한마디도 할 수 없었다. 간신히 엉금엉금 기어서 식당 안으로 들어갔다. 그 모습에 놀라서 119를 부르려는 주인을 향해 두 눈을 부릅뜨고 간신히 두 손으로 엑스 표시를 하며 머리를 가로저었다.

'차라리 잘됐다. 이렇게 구차하게 살 바에야 여기서 확 죽어버리자.'

이참에 죽을 결심을 했지만 일시적 증세였는지 한 시간 반 정도 후에 자리에서 일어날 수 있었다.

죽었다 살아나는 아찔한 경험을 하자 오히려 이전의 실패는 깨끗이 잊고 재기해야겠다는 의욕이 샘솟았다. 잘 모르는 분야에 뛰어들어 실패를 맛보았으니 이번엔 내가 잘 알고 있는 기존의 사업을 변형하여 새롭게 도전하고자 했다. 그러나 새로운 사업 역시 날개를 펴보기도 전에 접어야만 했다. 큰 금액은 아니었지만 사기 아닌 사기를 당했다. 의욕만으로 세상 속으로 뛰어들기에는 세상이 그리 녹록지 않았다. 연이은 실패를 겪고 나니 회사에서도, 가정에서도 나는 존재감을 완전히 잃어버렸다. 잃어버린 존재감을 찾기 위해 시작한 일이 오히려 독이 되어 돌아왔다. 나 스스로도 내가 사람인지, 좀비인지 모를 정도로 피폐해졌다.

'한국 사회에서 쉰 살 넘은 남자가 새로운 도전을 한다는 것은 이렇게 힘겹고, 고통스럽고, 무모한 걸까. 다시 재기할 수는 없을까…….'

연달아 몰아친 실패는 내 인생을 서서히 다른 문으로 몰아갔다. '정리수납'은 그렇게 내게로 왔다.

'정리수납'과의 운명적인 만남

줄줄이 실패한 결과 아침 일찍 일어나 출근할 필요가 없어졌다. 근근이 유지되는 사무실은 아내가 돌보는 것만으로도 충분했다. 이제는 창고처럼 변한 사무실에 들어앉아 쌓아둔 잡동사니 물건처럼 처박혀 있는 것도 썩 내키지 않았다.

그날도 늦게 일어나 습관처럼 현관문을 열고 신문을 들고 들어와 소파에 앉았다. 신문을 펼쳐 드는 순간 반갑지 않은 손님처럼 딸려온 전단지가 밑으로 떨어졌다. 평소라면 그대로 종이함에 버렸을 텐데 그날따라 전단지가 두툼해서 뭐가 있는지 궁금했다. 한 장, 한 장 들추다가 '정리수납 2급 수강생 모집' 전단지를 발견하고는 순간 이상한 전율을 느꼈다.

'공장 정리, 사무실 정리, 매장 정리, 집 안 정리…… 지긋지긋하게 온갖 정리를 해봤지만 매번 실패했는데 정리수납을 배우면 뭐가 달라질까? 시간도 많은데 이거나 배워볼까?'

처음엔 넘쳐나는 시간에 무언가를 배우면 사는 의미를 찾을 수 있을 거라는 생각이었다. 무엇보다 공장, 사무실, 집 등 어느 곳 하나 내가 손대지 않으면 엉망진창이 되고 며칠 지나면 원상태로 돌아가는 그 난잡한 공간들을 쾌적하게 변화시킬 수 있는 정리법에 마음이 끌렸다. 그렇게 나는 '정리수납 2급 전문가 과정' 수강생이 되기로 결심했다.

강의 첫날, 강의실 문을 열고 들어섰는데 안에는 모두 여성들만 앉아 있었다. 강의실을 잘못 찾은 줄 알고 얼른 나가려는 찰나 강사님이 나를 지목하며 말씀하셨다.

"여러분, 저기 남자분이 한 명 오셨네요. 모두 저분을 향해 박수 쳐주세요."

그곳에 있던 모든 수강생이 나를 위해 박수 쳐주었다. 쑥스러웠지만 이대로 돌아가기도 뭐해서 쭈뼛쭈뼛 빈자리를 찾아 앉았다. 만약 그 박수가 없었다면 나는 수강을 포기했을지도 모른다. 이왕 박수를 받았으니 끝까지 수강하기로 결심했다.

물론 처음부터 의욕적이었던 것은 아니다. 실전에 적용할 정리법을 배우고 싶어서 찾아왔는데 정리를 왜 해야 하는지 등의 긴긴 이론 강의가 이어져 조금 지루했다. 게다가 많은 여성 사이에서 속옷 정리법 같은 것들을 배울 때에는 속옷을 만지작거리는 게 여간 민망하지 않았다.

그럼에도 나는 포기할 수 없었다. 정리수납법을 배우면서 조금씩 재미를 느끼고 점점 나의 존재 의미를 찾아갈 수 있었기 때문이다. 계속 실패만 하던 나, 사장실의 짐짝처럼 느껴졌던 내가 강의 시간에 배운 것을 조금씩 적용하면서 이전과는 달라진 집 안 분위기를 눈으로 확인했고, 내 공간부터 정리하기 시작해 집 안 전체를 정리하자 가족들도 이전과는 다른 태도로 공간을 대하기에 이르렀다. 과거에는 치우나 안 치우나 큰 차이가 없다고 생각해 어지르는 데 미안함이 없었다면, 정리법을 적용해 정리된 공간을 어지럽히는 것이 잘못된 행동이라고 생각하게 되었다.

가족들의 작은 변화가 수면 아래로 푹 가라앉아 있던 나를 끌어올려주었다. 집에서 시작한 정리정돈은 곧 사무실의 창고 같았던 사장실로 옮겨 갔고, 사무실 전체에 이르렀다. 직원들도 이전과 달리 말끔해진 공간에서 쾌적한 느낌을 받아 무척 좋아하는 듯했다. 무엇보다 이전에는 열 번 잔소리해야 겨우 치우는 시늉만 하던 직원들이 "사장님, 이 물건은 어디에 둘까요?" 하며 스스로 주변을 정돈했다. "어떻게 이렇게 깔끔하게 정리할 수 있는 거죠? 정리법 좀 알려주세요!"라고 먼저 나에게 정리정돈법을 묻기에 이르렀다.

처음엔 난잡한 공간 때문에 받는 스트레스를 해소하기 위해, 나의 존재감을 찾기 위해 시작한 일이었다. 나를 살리는 것을 넘어 주변을 변화시키는 놀라운 변화를 온몸으로 느끼면서, 이 정리수납법을 나만 알 것이 아니라 주변에도 많이 알리고 나누어야겠다는 생각이 들었다. 그것이 나를 정리 컨설턴트, 정리수납 강사로 만들어주었다. 그리고 단순히 물건을 정리해주고 돈을 받는 사업이라고 생각했던 일이 힘들고 지친 사람들에게 희망을 찾아주고 생활에 활력을 주는 아름다운 일이라는 사실을 일하면서 깨달았다.

만약 내가 강의 첫날 부끄럽다는 이유로 강의실 문을 나서 집으로 돌아갔다면 어땠을까. 아마도 정리수납의 매력을 몰랐을 것이고, 여전히 생기 잃은 모습으로 창고 같은 사장실에 처박혀 있을 것이다. 어쩌면 계속되는 실패와 좌절로 다시 심장마비를 겪고 삶을 마감했을지도 모른다. 또한 내 집과 사무실을 치우는 데에만 만족했다면 정리수납을 사업으로 연결시키

지 못했을 것이고, 정리로 타인의 삶을 바꿔주는 보람도 맛보지 못했을 것
이다.

그런 의미에서 나에게 정리수납은 그저 일이 아니라 나를 살려준 고맙
고 감사한 인생의 선물이다.

04
Storage method

정리를
해야 하는 이유

정리를 해야 하는 이유가 명확하다면 정리하려는 마음이 절로 생길 것이다. 예컨대 중·고등학교 시절, 반에서 1등 하는 것은 공부를 정말 열심히 하면 이룰 수 있다. 그러나 전교 1등을 하려면 그것만으로는 부족하다. 공부를 열심히 하는 것은 기본이고, 공부하는 이유를 명확히 가슴에 새겨야만 해낼 수 있다. 그냥 열심히만 해서는 어렵다는 얘기다.

정리도 마찬가지다. 그저 공간을 깨끗이 할 목적으로 하는 것과 정리하는 이유를 명확히 알고 하는 것은 그 결과가 천지 차이다. 정리를 하는 이유는 단순히 깨끗하고 넓은 공간을 만들기 위함이 아니라 본질적으로 자신만의 공간을 만들기 위함이다.

어느 날 한 중년 여성에게서 전화가 왔다. 집 안 정

리가 안 되어서 남편이 집을 나갔다는 것이다. 나는 '이분이 농담을 하나'라고 생각했다. 집 정리가 안 되었다고 남편이 집을 나간다는 게 말이 되는가 싶었다. 나는 적당히 응대하고 전화를 끊을 요량이었으나 이내 터져버린 울음소리 때문에 통화 종료 버튼을 누를 수 없었다. 그녀는 울음 섞인 목소리로 제발 한 번만 와서 도와달라고 간청했다. 나는 즉시 그 고객의 집으로 향했다.

과연 고객의 집은 말 그대로 돼지우리 같았다. 슬리퍼를 신지 않으면 안 될 정도로 바닥이 끈적끈적했는데, 마치 진흙 위를 걷는 듯했다.

'그래도 그렇지. 이런다고 집을 나가나?'

일말의 내 의구심은 냉장고 문을 여는 순간 획 날아가버렸다. 냉장고 안에는 수년간 묵었을 법한 썩은 음식들이 방치되어 있었다. 식탁 역시 아무렇게나 쌓인 잡다한 물건들 때문에 그 기능을 잃은 지 오래였다. 작은 밥상에서 다섯 식구가 식사를 한다고 했다. 밥상 앞에 앉는 것도 집 안 곳곳에 쌓여 있는 물건 때문에 쉽지 않아 보였다.

화장실은 불이 켜지지 않았다. 불편하지만 그냥 쓰고 있다고 했다. 방 세 개 중 두 개는 쓰레기 같은 물건들이 가득했고, 한 방에서 네 딸과 함께 생활하고 있었다. 도무지 이해가 안 되는 상황이었다.

딱한 사정을 안 이상 외면할 수가 없어서 고객을 도와주기로 했다. 형편도 여의치 않아서 같이 일하는 정리수납 전문가들을 불러 모아 무료로 일을 진행했다. 우선 전기기술자 지인을 불러 각 방과 화장실의 등을 손보고, 두 개의 방엔 각각 두 딸이 사용할 수 있도록 공간을 정리한 후 자녀들의 물건을 수납해주었다. 부엌과 거실 역시 용도에 맞게 정리를 하니 식사조차 할 수 없던 공간이 확 달라졌다. 그간 네 딸과 햇볕도 들지 않는 공간에서 답답하게 살아온 것을 생각하면 지금도 마음이 짠하다.

정리를 해야 하는 이유 중 하나는 사람답게 살기 위해서다.

정리 컨설팅을 하면서 생각보다 혼자 사는 사람이 많다는 사실에 놀라곤 한다. 정리 컨설팅을 의뢰한 40대 미혼 남성은 강남에 5층짜리 건물을 소유하고 있었다. 보통 '강남에 건물 한 채를 소유할 정도로 부유한 사람이라면 정리도 잘하겠지'라고 생각하겠지만, 꼭 그렇지는 않다. 특히 이 남성은 그야말로 많은 물건을 껴안고 살았다. 32평에 4인 가족이면 7~8명 정도가 정리 컨설팅을 하는데, 이 고객의 집은 넓기도 했지만 집 안 곳곳에 물건이 꽉꽉 채워져 있어서 무려 13명이 작업을 해야 했다.

라면, 컵라면, 참치 통조림 등은 박스째 쟁여 있었으며, 수납장 맨 아래 칸은 모두 음료수로 채워져 있었다. 모든 물건이 그런 식이었다. 게다가 옥상의 작은 창고 안쪽에는 어떤 물건이 있는지 본인도 모를 정도로 잡동사니가 가득했다. 정리를 하면서도 '오늘 안에 일을 마무리할 수 있을까' 싶었다. 그 정도로 물건이 많아 고된 작업이 예상되었다.

일이 마무리될 때쯤 집으로 돌아온 고객이 깔끔히 잘 정리된 집 안을 살펴본 뒤 소파에 털썩 주저앉으며 이렇게 말했다.

"아! 이제부터 내가 사람답게 살겠네."

그 말을 듣는 순간 나는 내 귀를 의심했다. 그렇다면 이전엔 사람답게 살지 못했다는 얘기인가. 강남에 이런 건물을 가지고 있는 사람이 그동안 무엇이 부족해 사람답게 살지 못했을까.

100평짜리 집에 살든 원룸에 살든, 부유하든 가난하든, 그런 건 중요하지 않다. 자신의 공간을 잘 정리할 수 있다면 허름한 원룸에서도, 강남에 건물을 소유한 사람처럼 럭셔리하게 살 수 있다. 강남에 건물을 가지고 있어도 제대로 정리가 되지 않은 집에서 생활한다면 '사람답게 살지 못하는 삶'의 주인공이 될 수 있다.

정리가 생활의 시작점, 출발점이 된다는 얘기는 결코 과장이 아니다. 내가 있는 공간이 정리되어야 무언가를 제대로 시작할 마음의 여유가 생긴다. 이것이 제대로 정리를 해야 하는 가장 큰 이유다.

나 자신을 위해 정리하라

나 자신을 위해 정리를 해야겠다는 마음이 생겨야 비로소 정리가 시작된다. 사실 정리뿐 아니라 모든 것의 시작은 마음에서 비롯된다. 어질러진 방 안에서 뒹굴며 '나는 그냥 이렇게 살아도 돼'라는 마음을 갖는다면 오늘은 방 안에 잡동사니가 널브러진 정도이지만, 내일은 발 디딜 틈 하나 없게 되고, 그 상태로 일주일 나아가 한 달이 지나면 방치된 물건들은 점점 감당할 수 없는 거대한 괴물이 되어버린다.

그렇게 쓰레기장 같은 방에서 무슨 일을 할 수 있겠는가. '적당히 더러워야 일의 능률도 오르는 거야!'라고 말하는 이도 있지만, 기본적으로 사람은 주변 정리가 잘되어 있을 때 집중도 잘되고 능률도 오른다. 귀찮다는 이유로 물건 정리를 미루다 보면 어질러진 환경을 당연하게 받아들인다. 주변 환경이 깔끔하지 않으면 어떤 긍정적인 의욕도, 창의력도 생기지 않는다. 전문가들은 어질러진 공간에서 물건에 둘러싸인 채 살아가는 것은 일종의 마음의 병이라고 말한다. 단언컨대 삶의 무기력, 이것은 결코 자신에게 도움이 되지 않는다.

가끔 방송에서 강박적으로 물건을 버리지 못하고 방 안에 쌓아두는 사람들을 다룰 때가 있다. '나는 저 정도는 아니야'라며 자위하지만 의외로 많은 사람이 방에 물건을 쌓아둔 채 생활한다. 정도의 차이가 있을 뿐, 사용하지 않는 물건을 쌓아둔 채로 방치하는 것은 물건 속에 나를 가두는 행위와도 같다. 물론 그 행태가 심하면 치료를 받아야 하는 질병(저장강박 등)으로 해석해야 한다.

사업상 매우 분주히 지내는 지인이 있다. 그는 갖가지 일로 바쁜데도 앞날에 대한 불안감 때문에 손에서 일을 놓지 못했다. 휴일에도 사무실에 나가 물건과 서류를 정리하곤 했다. 문제는 그럴수록 더욱 정리가 안 된다는 것이었다. 정리를 하다 보면 이것도 필요할 것 같고, 저것도 필요할 것 같아 버려야 할 것들을 안고 간다. 그러니 자연히 서류 등의 물건들이 사무실에 점점 쌓였고 이런 상태는 극심한 스트레스로 작용했다. 결국 그는 나에게 상담을 요청했다.

그의 사무실에 방문하니 서류들이 그를 괴롭히기에 충분할 만큼 쌓여 있었다. 문제는 그 서류들이 당장 필요하지 않다는 데 있었다. '다음에 볼 일이 있지 않을까? 필요할 때 없으면 난감하니 일단 가지고 있어야겠다'는 마음으로 쌓아둔 서류들이 큰 애물단지가 돼버린 것이다!

사실, 그때그때 버리거나 파쇄해도 되는 서류는 생각보다 많다. 일단 나는 그에게 업무의 중요도와 사용 빈도에 따라 서류를 분류하라고 했다. 분류된 서류와 물건 중 자주 사용하는 것은 책상에서 가장 가까운 수납장에 종류별로 수납하고, 별로 중요하지 않고 사용 빈도가 낮은 것은 규격에 맞는 박스에 담아 라벨링을 한 후 창고에 보관하도록 했다. 보관하기도 버리기도 애매한 서류들은 복사기의 PDF 기능을 이용하여 파일로 보관하는 것을 추천했다.

급히 처리해야 할 중요한 서류와 급하기는 하지만 중요도가 조금 떨어지는 서류 그리고 그냥 보관해도 될 서류 등을 분류하여 책상 옆 5단 서류함에 수납했다. 연필통에 꽉 차 있던 필기구도 당장 사용할 것만 남기고 나머지는 모두 박스에 보관했다.

서너 시간 투자하여 약간의 정리를 했을 뿐인데도 사무실은 몰라보게 바뀌었다. 그는 정리한답시고 휴일까지 반납하며 고생한 것을 생각하면 그저 웃음만 나온다고 했다.

"윤 대표님 덕분에 이렇게 정리할 수 있어서 참 다행입니다."

그가 나에게 연락하지 않았더라면 여전히 정리되지 않은 공간에서 온갖 잡동사니와 씨름하며 스트레스를 받았을 것이다. 비즈니스에 올인하여 회사를 발전시켜 나아가야 할 시간에 서류 더미와 싸우고 있어서야 되겠는가.

제대로 정리해야겠다는 생각을 가지고 실행한 덕분에 그는 요즘 인생자체의 변화를 실감하고 있다. 항상 뭔가에 쫓기는 듯한 표정이었던 그는 사무실 공간을 정리하는 것만으로도 얼굴이 무척 밝아졌고 생기 또한 넘쳐난다. 정리를 제대로 하기 전에는 물건 치우기에 급급했는데, 이제는 사용한 물건을 제자리에 척척 두기만 하면 되니 일할 맛이 난다고 말한다.

자기 물건을 정리하지 않으면서 생활하는 것은 인생이라는 배의 키를

풍랑에 내맡긴 채 살아가는 것과 다름없다. 자기 공간에 물건이 정리가 안 되어 있다는 것은 단지 불편함을 넘어서 자신에게 문제가 미칠 수 있다. 이를 인식하고 나 자신을 위해 정리하겠다는 마음을 먹자. 이것이 정리의 진정한 출발점이다.

06
Storage method

정리를 위한
정리를 하지 마라

정리하기에서 중시해야 할 것은 '정리를 잘하는 법'에 앞서 '왜 정리를 해야 하는가'이다. 정리 관련 책 상당수가 이러한 점을 무시한 채 정리 스킬, 정리 노하우에 치중하는데, 이는 포도의 알맹이는 버리고 껍질만 먹는 꼴이다.

이런 맥락에서 나는 정리수납 전문가 과정을 진행할 때 첫 이론 시간에 왜 정리를 해야 하는지 그 목적을 설명하는 데 특히 공을 들인다.

물론 '왜 저런 걸 배워야 하는 거야? 빨리 써먹을 수 있는 실전 정리 기술을 가르쳐줘야지!'라고 생각할 수도 있다. 나 역시 처음 정리수납을 공부할 때 그렇게 생각했다. 그러나 시간이 갈수록 실전 기술만큼 이론과 더불어 정리 마인드 또한 매우 중요함을 깨달았다.

진정한 의미의 정리는 공간을 미적 공간이 아니라 사용하는 사람을 위한 공간으로 만드는 것이어야 한다. 공간 사용자의 동선을 파악하여 움직임을 최소화하고, 편리하게 물건을 사용할 수 있도록 하는 것. 이것이 진정한 의미의 정리다. 나를 위한 정리 역시 내가 편리하게 공간을 이용할 수 있도록 해야 한다. 이런 경우는 자신의 생활 습관이라든가 개인적 취향, 물건을 대하는 태도 등을 고려하면 더욱 좋다. 정리를 왜 해야 하는지 생각하지 않으면 나중에 정리하는 의미가 없어질뿐더러 금세 어질러진 상태로 돌아가고 만다.

개인적 이야기를 좀 하자면, 오랫동안 나의 아버지는 당뇨병을 앓으셨다. 몸이 불편해 작은 방에 주로 누워 계셨다. 나는 방을 깨끗이 청소해 아버지께 깨끗한 환경을 만들어드리겠노라 결심했다. 거동이 불편한 분을 거실 소파에 앉아 계시게 하고, 방 안의 잡다한 물건을 밖으로 빼낸 뒤 방바닥을 걸레질했다. 청소하는 동안 아버지는 내내 불쾌한 표정으로 화를 내셨다. 하지만 나는 아랑곳하지 않고 계속 청소하고 정리했다. 급기야 아버지가 소리를 지르셨다.

"이놈이 방 청소한다고 나를 이렇게 못 살게 군데이. 아이고, 누가 이놈 좀 말려주래이."

내가 방 청소를 끝내자 아버지는 내다놓은 당신의 물건들을 기어코 다시 방으로 들이셨다. 나는 그럴수록 "환자에게는 청결이 중요하다"며 아버지 방 청소에 더욱 열중했다. 그러나 매번 청소하고 정리한 뒤, 아버지는 내가 애써 정리해놓은 물건들을 당신이 사용하기 편리한 위치에 다시 갖다놓으셨다.

아버지가 돌아가시고 한참이 지나서야 나는 깨달았다. 방 청소를 하고 정리하는 나의 행동이 아버지를 위한 게 아니라 그저 집을 깔끔히 하기 위한 나만의 이기적 행동이었음을 말이다. 그때 편찮으신 아버지가 얼마나 불편하고 스트레스를 받았을지 생각하면 너무나 죄송할 따름이다.

흔히 아이들 방은 엄마가 좋아하는 스타일로 정리하곤 한다. 학교에서 돌아온 아이는 방을 정리해준 엄마에게 고맙다는 말 대신 대뜸 짜증 내기 일쑤다. 엄마 입장에서는 아이의 태도가 서운하기 짝이 없겠지만, 중요한 것은 아이의 방을 정리할 때는 아이의 눈높이에서 아이가 원하는 대로 정리해야 한다는 것. 아이에게도 자신만의 생활방식과 스타일이 있기 때문이다.

지인 집의 정리 컨설팅을 해준 적이 있다. 컨설팅 의뢰 전에 남편이 지인에게 신신당부를 했단다.

"내 서재는 절대 건드리면 안 돼."

막상 정리 작업에 들어가자 지인은 변화되는 공간을 보며 남편의 서재도 정리해달라고 조심스럽게 부탁했다. 서재만 빼고 정리하는 게 못내 마음에 걸렸던 모양이다. 서재의 주인이 원하지 않을 것 같아 조심스러웠는데 서재를 훑어보니 지인 남편의 정리 습관 및 패턴이 한눈에 들어왔다. 내 아버지처럼 자주 사용하는 물건은 가까이 두고, 그렇지 않은 물건들은 잔뜩 흩트려놓는 식이었다. 되도록 지인 남편이 자주 사용하는 서류와 책은 그대로 두었다. 그리고 멀리 떨어져 있는 물건들을 정리하되, 위치를 크게 변경하지 않는 선에서 정리 작업을 마쳤다. 앞서 언급했듯, 정리란 예쁘고 깔끔하게 보이는 것보다 그 공간을 사용하는 사람이 더 중요하니까.

다음 날, 지인은 서재를 정리했다는 말에 남편이 화를 냈다가 정리된 서재를 보고는 무척 만족스러워했다는 연락을 보내왔다. 사용자를 고려해 정리한 덕분이다.

거듭 말한다. 공간의 주인은 물건이 아니라 그 공간을 사용하는 사람이다.

정리수납,
누구나 잘할 수 있다

공간 정리법을 배우면 정리가 훨씬 수월하다. 물론 정리라는 행위는 배우지 않고도 누구나 할 수 있다. 여러 번 하다 보면 공간 정리에 대한 요령도 생기지만 자신에게 맞는 정리 방법을 찾기까지 오랜 시간을 계속 투자해야 한다.

최근 들어 정리수납에 대한 관심이 높아지면서 이를 배우려는 사람이 늘고 있다. 이는 정리의 중요성을 강조하며 정리 전후의 차이를 극명히 보여주는 방송 프로그램과 더불어 생활에 필요한 최소한의 물건만 갖고 사는 '미니멀 라이프' 트렌드가 큰 영향을 미쳤을 것이다. 개인적으로, 미니멀 라이프가 우리 사회에 널리 퍼졌으면 하는 바람이다.

일본에서는 정리수납과 미니멀리즘이 일찌감치 유행했다. 일본은 원래 집이나 상점 등 건물을 상당히 작게 짓는다. 그러다 보니 실제 사용 공간이 좁다. 효율적 정리수납에 대한 니즈가 있는 만큼, 좁아 보이지 않게 하는 공간 정리법과 효율적 공간 사용을 가능하게 하는 기발한 수납 도구가 다양하게 출시되고 있다. 아이디어가 번뜩이는 제품이 많은데, 문틈 사이를 깨알같이 사용할 수 있는 도어훅은 오래전부터 이용되고 있는 아이템이다.

섬나라 일본은 지진에 따른 자연재해가 많다. 그 때문에 일본인들은 꼭 필요한 것만 소유하고 살자는 인식이 널리 퍼져 있다. 일본뿐 아니라 여러 나라에서 지나치게 많이 소유하는 것에 대한 부정적 인식이 확산되는 추세다. 언제든 다시 살 수 있으므로 집에 물건을 많이 두려고 하지 않는다. 적당히 벌어 적당히 소유하자는 요즘 젊은 사람들의 마인드 역시 이러한 트렌드에 부합한다.

정리 습관은 어릴 때부터 들여야 한다. 이때 아이들에게 정리를 강요할 것이 아니라, 정리정돈의 목적과 유익함을 지속적으로 이야기하면서 정리하는 방법을 구체적으로 알려줘야 한다. 그렇게 할 때 정리정돈이 체화될 수 있다. 참고로 정리를 잘하는 아이는 노트 정리도 잘하는데, 학습 의욕과 성취도는 물론 학교 성적도 좋다는 연구 결과가 있다. 학교에서 정리정돈을 과목화하여 체계적으로 가르친다면 우리 아이들이 좀 더 경쟁력을 갖출 수 있을 것이다. 정리정돈은 모든 일의 기본이기 때문이다.

물론 아이들뿐 아니라 성인 특히 예비부부, 신혼부부에게도 정리수납에 관한 학습은 반드시 필요하다. 많은 사람이 옷장 정리와 주방 정리는커녕 이불 개는 법조차 제대로 알지 못한다. 그래서 널브러진 이불을 그대로 방치한 채 출근했다가 퇴근 후 귀가하여 다시 덮는 일이 부지기수다. 이불 개는 방법은 30분 정도면 배울 수 있고, 침대 정리법 역시 한 번 보면 금방 따라 할 수 있다. 방법을 몰라 정리하지 못할 뿐이지, 한 번 익히면 평생 쓸 수 있는 좋은 습관이 바로 정리법이다. 당신이 여성이든 남성이든 부디 이 책을 통해 옷 접는 법, 이불 접는 법, 속옷 접는 법 정도는 제대로 배우기를 바란다.

예전에 비해 정리수납법을 배울 수 있는 곳도 많아졌다. 공공기관이나 문화센터에서 운영하는 정리수납 과정을 신청해 수강할 수 있고, 나처럼 아예 정리수납 전문가 과정을 이수하여 자격증을 딸 수도 있다.

깊이 배울 생각이 아니라면 시중에 나와 있는 정리수납 관련 책을 읽거나 인터넷 검색을 통해 필요한 방법만 익혀도 좋다. 책이나 인터넷 정보를 무분별하게 받아들일 필요는 없다. 필요 이상으로 수납 도구를 살 필요도 없고, 정리를 위해서 우유갑을 수십 개씩 모아 햇볕에 말릴 필요도 없다. 꼭 필요한 것만 골라 선택적으로 수용하면서 자기화하는 것이 가장 좋다. 정리는 자신이 편하기 위해 하는 것이지, 누군가에게 잘 보이기 위해 하는 것이 아니다.

배움에 때는 없고 시작만이 있을 뿐이다. 하지만 그저 머리로 아는 것만으로는 아무 소용이 없다. 정리를 계속 실천하고 꾸준히 체화해나가야 한다. 그렇게 할 때 생활의 편리성과 더불어 행복감을 얻을 수 있다. 그리고 그 행복은 가족과 다른 사람에게도 전파된다. 정리의 힘을 믿어보라. 분명 당신에게 긍정적 변화가 일어날 것이다.

모든 것의 기본은 정리

인터넷뱅킹을 신청하러 은행에 간 적이 있다. 일이 처리될 때까지 기다리는 동안 자연스럽게 은행원의 책상으로 눈길이 갔다. 삼색 볼펜들과 잘 깎아놓은 연필이 가지런히 정렬되어 있었다. 관련 서류들은 오른쪽 구석에 놓인 서류함에 잘 보관되어 있었다. 관련 업무를 처리하는 손놀림에서 베테랑의 내공이 묻어났다.

'말끔히 책상을 정리하는 것은 누구한테 배웠을까?'

조금 쑥스러웠지만 용기를 내서 물었다.

"이렇게 책상을 정리하는 것은 은행에서 가르쳐준 건가요?"

나의 질문에 은행원은 멋쩍은 웃음으로 대답을 대신했다. 아마도 은행원의 업무 특성상 금전을 다루다 보니 정확하게 일을 처리하고 책상을 잘 정리하는 것이 몸에 밴 습관이리라. 책상 정리를 깔끔하게 잘하고 업무를 처리하는 은행원을 보면서 저런 사람이라면, 저런 은행이라면 맘 놓고 내 돈을 맡겨도 되겠구나 하는 믿음이 생겼다. 이렇듯 정리를 어떻게 하느냐에 따라서 타인에게 신뢰를 줄 수도 있고 불신을 줄 수도 있다.

사실, 정리라는 것이 다소 귀찮은 행위임을 나도 인정한다. 그러나 어느 공간이든 그때그때 바로 정리를 하는 게 여러모로 이득이다. 물건이 쌓였을 때보다 훨씬 쉽게 정리할 수 있을뿐더러 정리된 공간에서 마음 편히 휴식을 취하거나 능률적으로 다른 작업을 할 수 있으니 말이다. 이는 당연히 인생의 변화로까지 이어진다.

실제로 내 강의를 들은 수강생 한 분이 이렇게 말했다.

"매일 정신없이 분주하게 살았는데, 정리법을 배운 뒤 생활에 질서가 잡히고 여유가 생겼어요. 그 시간에 생전 안 보던 책을 보게 되었고, 내친김에 독서지도사 공부를 해서 자격증까지 취득했죠. 얼마 전부터 초등학교에서 방과후교사로 일하고 있어요. 집안일에 얽매여 늘 짜증 내며 하루하루를 보냈는데, 정리법이 이토록 제게 큰 변화를 줄지 몰랐어요."

환하게 웃으며 말하던 그분의 모습이 지금도 눈에 선하다.

정리정돈은 몸과 마음에 큰 영향을 미친다. 정리라는 작은 행위는 상대를 파악하는 데 중요한 판단 요소로 작용하기도 한다. 따라서 외출 후 귀가했을 때 옷을 아무렇게나 벗어두거나 식사 후 설거지를 바로 안 하고 쌓아두는 등의 사소하지만 좋지 못한 습관을 조금씩 고쳐나가야 한다.

요컨대 정리는 인생살이에서 모든 일의 기본이다. 정리를 잘하는 것만으로도 인생이 가벼워지고 자유로워진다. 인생 자체가 확 달라진다.

정리는
자기 자신을 사랑하는 일

《이건희 개혁 10년》이라는 책에 '삼성 초고속 성장의 원동력'이라는 부제가 달렸는데, 유독 나를 사로잡은 내용이 있다.

1993년 6월 4일 도쿄발 프랑크푸르트행 비행기에 몸을 실은 이 회장이 서류 뭉치 하나를 손욱 비서실 경영전략1팀장에게 건넸다.

"이거 한번 돌려가며 읽고 왜 이런 일이 반복되는지 근본 원인을 찾아보세요."

손 팀장의 손에 쥐어진 것은 〈기보 보고서〉라는 문건이었다. 기보는 1978년부터 삼성전자 오디오 설계실에서 일한 일본인 고문이다. 기보 보고서의 요지는 다음과 같았다.

'직원들에게 드라이버, 부품, 측정기 등을 쓰고 제자리에 놓으라고 지난 10여 년간 얘기했지만 아직도 변함이 없다. 공구를 찾는 데 몇 시간이 걸리고 측정기는 고장 나도 아무도 고치지 않는다. 이제 내 한계를 넘

어섰다.'

이 글을 읽은 임원들이 '처벌 규정이 약하기 때문입니다', '책임의식이 없기 때문입니다'라며 갖가지 대답을 했지만 이 회장은 고개만 저었다. 이 회장은 '자기 자신을 사랑하지 않기 때문'이라는 답을 꺼냈다. 자기가 존중받으려면 남을 먼저 존중해야 한다는 의미였다. 남을 위해 정리를 하지 않는 것은 곧 자기학대인 셈이며, 정리정돈 속에는 인간 존중 의식이 깔려 있다는 말이다.

일본에서 스카우트한 일본 기술자가 삼성에서 10년간 일하고 일본으로 돌아가면서 이 회장에게 건넨 보고서에는 기술적인 것, 앞으로 나가야 할 방향과 과제 등은 담겨 있지 않았다. 그저 '너희 직원들은 도통 정리정돈을 하지 않아'였다. 그리고 이 회장은 그 문제를 '정리정돈을 하지 않는 것은 자기 자신을 사랑하지 않기 때문이다'라고 진단했다. 나는 이 말에 100퍼센트, 아니 200퍼센트 동감한다. 정리를 하는 것은 자기 자신을 위한 것이고 자기 자신을 사랑하는 일이다.

가만히 생각해보라. 정리가 잘되어 있는 곳에 가면 자신도 모르게 미소를 머금지 않는가. 고급 호텔이나 레스토랑에 가면 편안해지고 기분이 좋아진다. 그 이유는 무엇일까. 공간이 잘 정리되어 있고 꼭 필요한 물건만 놓여 있어서 시각적으로 편안하고 안락한 느낌이 든다. 무엇보다 자신이 대접을 받는 느낌이 든다. 그런 느낌이 편안하고 기분을 좋아지게 한다.

몇 년 전만 해도 나의 주 고객은 제법 넓은 평수에 사는 조금은 여유 있는 사람들이었다. 지금은 24평이나 32평 정도의 가정집에서도 정리 컨설팅 의뢰가 많이 들어온다.

한번은 원룸을 정리 컨설팅한 적이 있다. 그때 원룸에 사는 분의 정리 컨설팅 의뢰는 처음이라 '좀 신기하네' 정도로 생각했다. 원룸이면 비교적 작은 평수라 생각해서 세 명이 갔는데 고객은 작은 원룸이 꽉 찰 정도로 많은 물건을 갖고 있었다. 심지어 깜빡 잊었다며 차 안에 옷이 있다고 했다.

'작은 차 안에 옷이 얼마나 있겠어.'

만만하게 생각했던 것을 비웃기라도 하듯 차 안에는 엄청난 양의 옷이 있었다. 마치 '차 안에 옷 많이 넣기 대회'에서 1등을 차지한 것 같았다.

우리는 이 모든 옷과 신발을 고객이 필요로 하지 않을 것이라고 판단했다. 그래서 고객의 의중을 묻고, 자주 입는 옷과 아끼는 옷 외에 철이 지나거나 더 이상 입지 않는 옷은 어려운 이웃들을 위해 기부하기로 한 뒤 나머지를 정리했다.

집 안을 말끔하게 정리하고 고객을 불렀다. 고객은 정리된 모습을 보고 무척 놀라는 표정이었다. 특히 옷장을 열어보고 "우와" 하는 탄성을 토해냈다. 속옷을 수납한 서랍을 열어보고는 너무 예쁘게 접어놓아 아까워서 어떻게 꺼내 입느냐는 말을 했다.

"집이 정리되니 몸과 마음이 깨끗해진 느낌이에요! 앞으로 집 안에서 좀 더 많은 시간을 보낼 것 같아요!"

고객은 의뢰하길 정말 잘했다고 웃으면서 연신 감탄을 쏟아냈다.

외형적인 모습을 꾸미는 것도 중요하지만, 정리를 통해서 나에게 필요한 것과 필요하지 않은 것을 구분하고, 사용하지 않는 물건들은 과감히 정리함으로써 몸과 마음을 깨끗이 하는 과정이 필요하다. 이렇듯 정리란 자기 자신을 위한 가장 현명한 투자 중 하나다.

Storage method

반려동물을 위한 배려

경기도의 한 오피스텔에 견적을 보러 간 적이 있다. 상담을 의뢰한 고객은 결혼한 지 한 달 정도 된 신혼부부였다. 그들은 해외로 신혼여행을 한 달간 다녀와서 집 안이 어수선하고 정리가 안 되어 엉망이라며 수줍게 이야기했다.

사정을 들어보니, 따로 살다가 결혼하여 한 집으로 합치면서 물건이 넘쳐났다. 옷은 옷장에 다 들어가지 못해 거실과 방에 쏟아져 나와 있었고, 식기는 박스 안에서 아직 꺼내지도 못한 데다 취미 활동으로 사용하던 전자피아노가 엉뚱한 곳에 놓여 있었다. 심지어 책은 책장이 아니라 책을 꽂을 수 있는 공간이면 어디든 꽂혀 있었다. 주방의 상부장이나 TV 선반 위, 신발장 옆, 고양이용품 수납장에도 책이 있었다. 집 안에 여러 물건이 섞여서 자리를 잡지 못하고 방황하는 모양새였다.

이렇다 보니 이 집에 함께 사는 고양이 세 마리도 저마다 물건 더미에 자리를 잡고 앉은 채 집 안을 둘러보며 견적을 내는 나를 심드렁하게 쳐다보고 있었다. 왠지 고양이가 불쾌해하는 것 같았지만 '원래 고양이는 타인에게 관심이 없잖아' 하며 대수롭지 않게 넘겼다.

이 고객의 가장 큰 문제는 각자 쓰던 살림살이를 합치다 보니 물건이 너무 많다는 것이었다. 냉장고도 두 대, 세탁기도 두 대, 전자레인지도 두 대. 가구도 마찬가지였다. 이 모든 물건을 이고 지고 살 것이 아니라면, 공간 확보를 위해 가전제품과 가구 등을 정리할 필요가 있었다. 고객에게 아까워하지 말고 겹치는 물건 중 하나만 선택해서 사용하라고 정중히 말씀드렸다. 필요한 물건과 최근에 구매한 물건들 위주로 선별하고, 나머지는 중고 거래나 기부 등으로 정리하기로 했다.

정리 컨설팅을 마치고 다음 날, 결제를 위해 고객의 집에 다시 방문했다. 고객은 며칠 뒤에 시부모님이 방문하기로 하셔서 서둘러 정리했다 하고는 "정리를 하고 나니까, 고양이가 너무 좋아해요"라고 말했다.

나는 믿을 수가 없어서 "진짜 그러냐"고 재차 물었다. 고객은 웃으며 그렇다고 대답했다. 고양이들끼리 자주 싸웠는데, 정리를 하고 나서는 싸움이 사라졌다고 했다. 참 신기했다. 어떻게 고양이가 집 안이 정리된 것을 알고 좋아할까. 여기에 숨겨진 이야기가 하나 있었다.

결혼하기 전, 남편이 기르는 고양이 한 마리와 아내가 기르는 고양이 두 마리가 있었다. 결혼하면서 세 마리가 함께 살게 되었는데, 고양이들이 같이 살기 시작한 날부터 싸움을 했다고 한다. 처음엔 그러다 말겠거니 했는데 날이 갈수록 싸움은 커지고 점점 난장판이 되고, 스트레스를 받은 고양이들이 아무 데나 소변을 눠서 집 안은 더욱 엉망이 되었다고. 아마도 영역 동물인 고양이들이 낯선 존재와 생활하는 것에 스트레스를 받고 자기만의 공간이 없다 보니 불안하고 초조해서 다투게 된 건 아닐까 짐작해보았다.

정리 전에는 고양이들이 뛰놀고 편안히 쉴 공간조차 없어서 옷 무더기나 전자제품 위에 아슬아슬하게 앉아 불쾌한 얼굴을 하고 있었는데, 새로 정리된 집에서는 각자 편안한 곳에 자리 잡은 채 느긋하게 졸고 있는 것을 보고 변화를 실감할 수 있었다. 정리 후 부부 사이가 더욱 좋아졌다는 이야기만으로도 기분이 좋았는데, 고양이들도 싸우지 않고 사이좋게 지낸다고 하니 보람과 기쁨이 배가되었다.

요즘 정리 컨설팅을 하면서 반려동물과 함께 사는 가정을 많이 본다. 그러다 보니 반려동물이 편안히 쉴 공간을 마련한다거나 반려동물 용품을 따로 수납하는 등 작은 부분까지 신경을 쓰고 있다. 반려동물이 사용하는 물건은 어디에 두어야 편안해할지, 자주 이용하는 장난감은 어디에 배치하는 것이 좋을지를 고려하는 것이다.

정리가 안 된 공간에서는 반려동물도 스트레스를 받고 힘들어한다. 그 스트레스는 공격성으로 나타나고, 함께 지내는 가족이나 다른 반려동물을 괴롭힐 수도 있다. 정리를 하는 것은 자신을 위한 사랑이며 한 걸음 더 나아가 함께 지내는 반려동물을 위한 사랑이다.

정리는 축제, 정리된 후의
즐거움을 상상하라

정리를 하려면 물건을 들어서 치우고, 찌든 때를 벅벅 문질러서 닦는 등 한두 군데 손이 가는 게 아닌데, 정리가 축제라니! 이게 말이 되는 소리냐 며 의문을 가질 수도 있다. 하지만 나는 '정리는 축제다'라는 말이 정리를 가장 잘 표현한 말이라고 생각한다.

잔치를 할 때 재료를 준비하고, 전을 부치고, 국을 끓이고, 분주하게 여러 음식을 만든다. 그뿐인가. 집 안 곳곳을 청소하고, 묵은 때를 제거하는 등 손님 대접을 위한 수고를 마다하지 않는다.

그렇게 잔치를 준비하듯이 깔끔하게 정돈된 모습을 지켜보는 것도 나는 축제라고 생각한다. 왜냐하면 이제부터 새롭게 무언가를 시작해야겠다는 마음이 생기기 때문이다. 정리정돈을 함으로써 내 인생에 축제의 장을 여는 것이다.

수많은 정리 컨설팅을 하고 어질러진 공간의 물건들을 치우고, 쓸고, 닦고, 제자리를 만들어주면서 많은 땀을 흘린다. 그 후 정리된 모습을 보면서 나는 늘 작은 감동을 느낀다. 나의 노력과 수고로 공간이 새롭게 바뀌는 건 하나의 마법이지 싶다. 정리를 통해 누군가의 생활을 편리하게 해주고, 삶의 기쁨을 주고, 인간관계를 아름답게 해주고, 쾌적한 공간에서 긍정적인 생각을 할 수 있도록 돕는 것이야말로 인생에 변화를 주는 멋진 축제라고 생각한다.

수강생 중에 혼자 사는 30대 중반 남성이 있었다. 나에게 정리수납을 배우기 전에는 자신의 집이 쓰레기 하치장 같았다고 했다. 문을 열면 제일 먼저 자신을 반기는 것은 신발장 앞에서 파수꾼처럼 집을 지키고 있는 소주병, 맥주병 들이었다. 침대 위에는 벗어놓은 옷가지와 이불 등이 널려 있었고 주방 싱크대에는 먹다 남은 음식들이 프라이팬과 냄비에 눌어붙어 곰팡이를 피우고 있었다고 했다. 욕실 문을 열면 지린내와 하수구 냄새가 코를 찌르고, 베란다엔 분리배출하지 않은 물건들이 쌓여 있고, 쓰레기가 가득 담긴 종량제봉투에서는 코를 찌르는 악취가 났다고 했다.

그는 퇴근 후에 집에 들어오면 저절로 한숨이 흘러나왔다고 했다. 치우고 살았으면 좋겠다는 생각은 들었지만 어디서부터 치워야 할지 방법을 몰랐다고 했다. 배가 고프면 배달 음식을 시켜 먹거나 잠들기 전에는 참치통조림을 안주 삼아 혼자 소주 한잔을 걸쳤고, 술이 덜 깬 채로 아침에 일어나 부리나케 출근하는 게 일상이다 보니 치우고 정리할 엄두가 나지 않았던 것이다.

그는 우연히 회사 내 게시판에 붙은 정리수납 수강생 모집 공고를 보고, '이걸 배우면 내 생활이 조금은 달라질 수 있을까' 하는 기대감에 나를 찾아왔다. 나와 비슷한 계기로 수업의 문을 두드린 그가 무척 기특했다. 실제 그는 매우 의욕적으로 수업을 들었고, 수업에서 배운 정리수납법은 꼭 집에서 활용해보고 그 소감을 이야기해주곤 했다. 그 열성에 나 역시 무척 고무되어 함께 매장에 들러 수납용품도 추천해주고, 사용법까지 알려줬다. 그렇게 정리수납을 배우고 3개월쯤 지났을까. 그에게서 사진 몇 장과 함께 문자가 왔다.

'선생님, 감사합니다. 처음에는 정리라는 게 낯설고 어설펐습니다. 그래도 배운 대로 실천해보고 정리하니 집 안이 조금씩 변한다는 걸 알게 되었습니다. 지금은 퇴근 후 집에 돌아오면, 여기가 내 집이 맞나 싶을 정도로 잘 정리되고 정돈된 집에서 살고 있습니다. 이게 모두 선생님을 만나 정리수납을 배운 덕분입니다. 다시 한 번 감사드립니다.'

정리를 배우고 난 후 그의 생활에 많은 변화가 생긴 것이다.

'참, 온갖 물건들로 가득 차 있던 베란다를 싹 치웠습니다. 요즘은 거의 매일 저녁마다 제가 좋아하는 토마토주스를 직접 만듭니다. 그리고 베란다에 앉아서 토마토주스를 마시며 창문 밖을 내다봅니다. 저는 이 시간이 정말 즐겁습니다.'

그는 생활에 활력이 생겼고, 그 덕분에 회사생활도 즐거워졌다고 했다.

이렇듯 정리수납을 배우고 실천하는 것만으로도 생활을 즐거운 축제의 장으로 만들 수 있다. 그래서 나는 '정리는 축제다'라는 표현을 서슴지 않고 쓴다. 나는 술이 아닌 싱싱한 토마토주스를 마시며 자신의 인생을 위해 건배하는 그의 모습을 상상해본다. 당신도 지금 당신이 있는 공간을 정리하고 당신만의 축제를 즐겨보길 권한다.

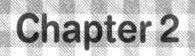

Chapter 2

버리는 기술

: 버리면 보이는 자유와 행복

01
Storage method

정리의 시작은 버리는 것부터

　서울은 말할 것도 없고, 수도권의 웬만한 아파트는 평당 1천 만 원이 넘는다. 집에 쓸모없는 잡동사니가 한 평만 쌓여 있어도 1천 만 원이 잡동사니들 차지인 셈이다. 만약 1천 만 원을 잃어버렸다고 가정한다면 대부분은 밤잠도 제대로 못 자고 끙끙댈 것이다.

　베란다며 거실까지 물건을 잔뜩 쌓아두고 사는 사람이 생각보다 많다. 물건을 버리지 못하고 끌어안고 사는 것이다. 게다가 물건을 계속 사들이니 집 안은 늘 비좁고 답답하기 이를 데 없다. 공간은 한정적인데 왜 우리가 사는 공간을 물건에 내어주고 물건의 하인이 되어 사는 것일까? 참으로 안타깝다. 더욱 안타까운 것은 자신의 공간을 물건에 내어준 채 살아가는 사람 대부분이 일상생활에서 문제를 겪는다는 것이다. '집에서 새는 바가지 밖에서도 샌다'는 말처럼 집 안 정리를 소홀히 하는 사람들은 직장이나 사업에서도 일을 깔끔하게 처리하지 못해 안팎으로 문제가 생기기 일쑤다.

'공간의 주인은 사람이다.'

나는 이 말이 정리수납을 대변해준다고 확신한다. 차마 버리지 못하는 오래된 옷들, 빨래 건조대로 사용하는 운동기구, 베란다나 창고에 처박아둔 물건들, 혹시 당신도 이것들을 집 안 가득 채운 채 살고 있지는 않은가.

조금 냉정해질 필요가 있다.

옷의 경우, 손이 자주 가고 입기 편한 옷들은 따로 있다. 그러나 옷장엔 언젠가 입지 않을까 싶어서 보관해두거나 유행이 지났지만 비싸게 사서 차마 버리지 못하는 옷이 대부분이다. 결단코 이 옷들을 다시 입을 일은 없다. 그럼에도 옷을 버리지 못한다면? 보관용 옷들과 새로 산 옷들이 한데 뒤엉켜 옷장은 자리가 부족할 따름이다. 자주 입는 옷들과 눈길조차 주지 않는 옷들을 구분한 뒤 과감하게 정리할 필요가 있다.

운동기구 역시 마찬가지다. 건강한 몸과 마음을 만들기 위해 운동 계획을 세우는 것은 좋지만 운동 습관이 없는 사람에게 운동기구는 그저 빨래 건조대 대용일 뿐이다. 정말 운동이 필요하다고 생각한다면 집에서 TV를 보면서 운동을 하기보다는 피트니스 이용권을 끊자. 하루에 30분이라도 헬스장에서 운동하는 것이 훨씬 낫다.

언젠가 필요하지 않을까 싶어서 쌓아둔 보관 박스에는 생각지도 않은 물건도 많다.

유난히 외국에서 사 온 기념품이 많은 고객을 만난 적이 있는데, 기념품뿐 아니라 친구들에게 줄 선물도 몇 박스 가지고 있었다. 정리수납을 하기 위해 박스를 개봉해서 어떤 물건이냐고 고객에게 물어보니 고객이 되묻는다.

"어머, 그게 왜 거기 있죠?"

몇 년 동안 쌓아만 놓고 무슨 물건인지조차 모르는 것들은 과감히 버리자. 사람이 먹고 배설하는 일은 지극히 자연스러운 대사활동이다. 계속 먹기만 하고 화장실을 가지 않는다면 변비에 걸리고 죽을지도 모른다. 공간도 마찬가지다. 물건이 계속 들어오기만 하고 나가지 않는다면 공간도 변비에 걸린다. 결국 불편함과 괴로움은 공간의 주인 몫이다.

정리를 해도 자꾸 어질러진 상태로 돌아가는 원인 중 하나는 제대로 버리지 않기 때문이다. 제대로 버리지 않는데 정리가 잘되겠는가? 물건을 둘 만한 장소가 없는데 말이다.

정리란 물건을 제자리에 두고, 사용한 후에 돌아갈 자리를 만들어주는 것이다. 그런데 물건이 있어야 할 자리를 쓸모없는 잡동사니들이 차지하고 있다면 아무리 머리를 싸매고 궁리를 해봤자 답은 없다.

그러므로 정리의 시작은 쓸모없는 잡동사니를 버리는 일임을 알아야 한다. 먼저 쓸모없는 물건을 버리고, 그다음에 물건마다 자리를 마련해주자. 사람도 일을 마치고 돌아가서 휴식을 취하고 자야 할 집이 필요하듯이 물건에게도 각각 돌아갈 자기 공간이 있어야 한다. 진정한 버리기, 확실한 버리기를 했다면 일단 정리의 절반은 해낸 것이나 다름없다. 그만큼 버리는 것은 정리의 시작이자 끝이라고 할 수 있다.

02
Storage method

버리지 못하는 심리적 이유

아픈 몸을 치유하기 위해서는 어디가 아픈지, 왜 아픈지를 알아야 하듯 물건을 버리지 못하는 이유를 알면 물건을 버리는 데 도움이 된다. 물건을 버리지 못하는 데에는 여러 이유가 있는데, 물건을 버리면 나중에 후회할 것 같다는 두려움이 그중 하나다. 하지만 개인적 경험이나 고객을 컨설팅한 경험에 따르면 버리고 나서 후회하는 일은 거의 없다.

일본에서 최고의 정리 컨설턴트로 불리는 곤도 마리에는 이렇게 말했다.

"물건을 버리고 나면 언젠가 필요할 것 같아서 버리지 못하는 경우가 있다. 그러나 그 언젠가는 영원히 오지 않는다."

버릴지 말지 고민되는 물건이 있다면 그 물건을 박스에 담아서 베란다나 창고에 한 달이나 두 달 정도 보관해보자. 시간이 흐른 뒤 그 물건이 필요해서 찾게 될 확률보다 그 물건을 쓰지 않을 확률이 더 높다. 물론 100개의 물건을 버린다면 후회할 일이 아예 없는 것은 아니다. 한두 개 정도는 버린 것을 후회하며 아까워할 수도 있다. 그러나 물건 한두 개로 말미암아 손실보다 나머지 물건을 버려서 얻는 '버림의 기쁨'은 그 손실을 상회하고도 남는다.

그럼에도 유독 물건을 버리기 힘들어하는 사람들이 있다. 손때가 묻어서, 추억이 있어서도 그렇지만 온갖 물건에 이유를 붙여서 '아무것도 버릴 수 없다'는 사람도 있다. 대부분이 장성한 자녀들과 함께 사는 어르신인데, 그들은 가난하고 어려운 시절을 보내서 물건 하나 허투루 버리지 못하는 습관이 몸에 뱄기 때문일 것이다.

어느 고객의 집은 왜 컨설팅을 신청했나 싶을 정도로 깔끔했다. 고개를 갸웃하는 내게 고객은 한숨을 쉬며 고개를 젓더니 "우리 어머니 방 좀 어떻게 해주세요"라고 하소연한다. 사연인즉, 홀로 된 시어머니를 모시고 사는데 온갖 물건을 버리지 않고 방에 보관한다는 것이었다. 실제 그 방을 열어보니 문밖과는 전혀 다른 세상이 펼쳐졌다. 할머니의 방은 빵 봉지를 묶는 끈부터 빵칼, 고무줄, 온갖 볼펜, 병뚜껑 등 정말 쓸모없는 물건들로 가득 차 있었다. 깔끔한 성격의 며느리가 기함할 만했다. 지난날 병환이 깊은 아버지를 나 몰라라 하고 방을 내 멋대로 청소하여 불효를 저지른 일이 있기에 일단 할머니와 이야기해본 뒤 정리해야 할 것 같았다. 내내 못마땅해하는 할머니 곁에서 이런저런 이야기를 하며 "할머니, 이건 어디에 쓰시려고 모아두신 거예요?"라고 물으니 할머니의 대답은 한결같았다.

"손자랑 손녀가 필요하면 내어주려고."

어릴 때 바쁜 아들 내외를 대신하여 손자와 손녀를 돌봐준 할머니는 물건을 잘 잃어버리는 손주를 대신하여 버릇처럼 크고 작은 물건들을 모았고, 아이들이 찾는 물건을 본인 품에서 내어줄 때 가장 큰 기쁨을 느꼈다고 한다. 이제는 손주들이 장성하였는데도 할머니는 '언젠가' 필요하지 않을까 싶어 모아둔 물건이 방 안을 가득 점령하고 있었다. 손주들을 아끼는 마음에서 시작된 따뜻한 사연이지만, 정도가 과하면 정신의학에서는 이것을 호딩장애, 즉 저장강박증이라 부른다.

한번은 강남에 있는 아파트에 정리 컨설팅을 갔는데 한 번도 사용하지 않은 갖가지 비닐봉지가 여기저기서 뭉텅이로 나왔다.

"고객님, 비닐봉지가 너무 많은데요. 자세히 보니 비닐봉지에 모두 골프장 이름이 새겨져 있네요."

"네, 그거 애 아빠가 골프장에만 가면 그렇게 비닐봉지를 많이 가져오네요. 가져오지 말라고 그렇게 당부를 해도 계속 가져와요."

비닐봉지를 모두 다 버리면 좋겠는데 그러면 남편한테 혼난다고 반 정도만 버리라고 해서 반은 버리고 나머지는 한쪽 서랍에 정리해 넣었다. 참으로 알 수 없는 일이다. 평생 다 쓰지도 못할 만큼의 비닐봉지를 그렇게 애지중지하는 이유가 뭘까.

호딩장애란 물건에 대한 과도한 집착으로 물건을 계속 사거나 모아둘 뿐 버리지 못하는 행동을 일컫는다. 원래 호딩은 겨울을 대비해서 음식을 비축해두는 동물을 가리키던 말이었다.

뉴햄프셔대학교의 에드워드 리메이 교수팀은 주변 사람들에게 사랑과 인정을 충분히 받지 못한 사람이 물건에 과도한 애착을 쏟기 쉽다는 연구 결과를 발표했다. 필요하든 필요하지 않든 자신의 곁에 그 물건이 없으면 불안함을 느낀다는 말이다. 그 불안함은 어디에서 올까? 바로 결핍이다.

손주들을 돌보는 데 오랜 시간을 쏟은 할머니는 아이들이 자신의 품을 떠난 것에 대한 아쉬움을 물건 모으기로 푼 것이 강박증으로 발전했다. 실제 저장강박이 있는 사람들은 사용 여부에 관계없이 계속 물건을 저장하는데, 문제는 그들이 청소나 청결에 신경을 못 쓴다는 것이다. 심한 경우 악취로 가족은 물론 이웃에게도 피해를 준다. 그러므로 저장강박이 과도하다면 반드시 전문의나 정리수납 전문가에게 상담을 받아야 한다.

실제로 저장강박을 앓는 사람 대부분이 '마음의 감기'라는 우울증을 앓고 있는데, 이들은 자신을 쓸모없는 인간이라고 생각해 물건을 모으는 데서 안정감을 찾고, 그 행위에 의미를 부여하여 존재 의미를 찾으려고 한다. 할머니 역시 손주들이 자신의 품을 떠났음을 머리로는 인정하지만, 마음으로는 받아들이지 못했던 것이다. 그래서 타인이 물건을 정리하려 하면 자신을 쓸모없는 사람으로 여긴다고, 나아가 자신을 공격하는 것이라고 생각해서 극도로 민감한 반응을 보이곤 했다.

할머니는 방을 정리하기 위해 전문가의 도움을 받으려는 며느리에게 "쓸데없는 데 돈 쓴다!"며 호통부터 쳐댔다. 저장강박증이 있는 사람들은 타인과 소통하면서 정리를 해나가면 증세가 많이 호전된다. 손주를 아끼는 할머니의 마음을 충분히 인정하고, 한편으로는 아이들이 커서 할머니의 도움 없이도 물건을 잘 챙긴다는 사실을 받아들이게 한 뒤, 정리를 통해 할머니가 자신의 인생에 집중할 수 있도록 돕는 것이다.

마음을 치료하는 것은 쉬운 일이 아니다. 하지만 분명한 것은 자신의 공간을 정리하는 것만으로도 마음이 편해지고 뭔가 새로운 일을 시작할 의욕이 생긴다는 것이다. 실제로 정신과 의사가 이런 말을 한 적이 있다.

"정리하는 비법을 보면 정신과 치유와 상당히 비슷해요."

자신의 주변을 정리하고 쓸모없는 물건을 버리는 것만으로도 아픈 마음이 치유되고 평화로워진다니, 쓸모없는 물건을 버리지 못할 이유가 무엇인가.

Storage method

'무소유'에서 배우는
진정한 버리기

법정 스님을 처음 만난 건 《무소유》라는 책을 통해서다. 이후 스님의 책에 매료되어 여러 권을 읽었다.

정리수납 전문가 입장에서 법정 스님의 '버림과 무소유' 철학은 마치 정리의 정수를 드러내는 것 같아 인상적이다.

> 나 자신의 인간 가치를 결정짓는 것은 내가 얼마나 높은 사회적 지위나 명예 또는 얼마나 많은 재산을 갖고 있는가가 아니라 나 자신의 영혼과 얼마나 일치되어 있는가이다.
>
> – 《홀로 사는 즐거움》 중에서

우리는 필요에 의해서 물건을 갖지만, 때로는 그 물건 때문에 마음이 쓰이게 된다. 따라서 무엇인가를 갖는다는 것은 다른 한편 무엇인가에 얽매이는 것. 그러므로 많이 갖고 있다는 것은 그만큼 얽혀 있다는 뜻이다.

- 《무소유》 중에서

사람의 가장 큰 욕구 중 하나가 바로 남에게 인정받고자 하는 것이다. 이때 자신의 능력이나 재능을 인정받고 싶은 욕구가 있는가 하면 자신이 가진 물건을 자랑하고 싶고 인정받고 싶은 욕구도 있다.

아주 오래전 이야기다. 부모에게 물려받은 재산으로 모자람 없이 꽤 풍족하게 사는 친구가 있었다. 그는 간단하게 술 한잔을 해도 고급 일식집을 찾고, 밥 한 끼를 먹어도 비싼 식당을 찾았다. 그 바람에 내가 한번 대접하고 싶어도 도저히 감당이 안 되었다. 차도 비싼 외제차를 탔고, 옷도 최고급 브랜드만 입었으며, 수천만 원짜리 고급 브랜드의 시계를 차고 다녔다. 심지어 운전이 귀찮다며 외출할 때는 콜택시를 타고 다녔다. 싱글 대디인 그는 외아들을 사립학교에 보냈다. 젊었을 적에는 그 친구가 마냥 부럽기만 하고 질투심도 느꼈다.

한번은 그 친구가 정육점을 개업해서 가게에 가보니 정육점이라기보다는 고급 레스토랑에 온 것 같은 착각이 들 정도로 으리으리하게 인테리어를 해놓았다. 문제는 자신은 일을 하지 않고 동창들을 직원으로 채용하여 모든 일을 맡겼다는 것. 염려하는 나에게 친구는 믿을 만한 사람들로만 채용했으니 자신은 평소처럼 놀아도 되지 않겠냐고 되물었다. 결과는 너무 참담했다. 주변 정육점보다 고품격 전략을 펼쳤으나 처음에만 호기심에 찾았을 뿐 고객들은 서서히 발길을 끊었고, 직원들이 돈을 조금씩 가로채 수익은 늘 마이너스였다. 결국 그는 큰 빚을 떠안은 채 폐업했고, 안타깝게도 연락이 두절되었다.

돌이켜 생각해보면 그에게 조금 더 따끔하게 충고할 걸 그랬다. 이혼의 아픔과 고통, 사업 부진과 실패를 자신의 노력과 땀으로 해결하기보다는 남에게 보이는 것만을 중시하고 과시하고자 하는 마음이 그를 망친 것이다.

50년이 조금 넘는 세월을 살면서 '자만하고 교만한 자'가 잘되었다는 소리는 듣지도 보지도 못했다. 오히려 더 많이 갖고자 하고, 없는 자를 무시하는 '자만하고 교만한 자'가 높은 곳에서 바닥으로 떨어져 후회하는 것을 수없이 보아왔다. 높이 올라갈수록 바닥으로 떨어질 때 생기는 상처와 고통은 더욱 아프고 크다.

물건에 대한 우리의 소유욕은 끝이 없다. 소유를 통해 일종의 우월감을 느끼는 것이다. 그래서 더욱 많은 물건을 소유하고자 한다. 왠지 물건에 둘러싸여 있으면 편안함을 느낀다. 문제는 자신도 모르게 더 많은 물건을 소유하려는 데 있다. 자신의 가치가 마치 얼마큼의 재산을 가졌느냐로 결정되는 것처럼 말이다. 물건을 적게 가짐으로써 물건에 대한 집착을 버리고 그 마음을 자신에게 향하게 하여 자기 자신을 바라보는 것이 자신을 알고 자신의 가치를 높이는 방법이다.

크게 버리는 사람만이 크게 얻을 수 있다는 말이 있다. 물건으로 인해 마음을 상하고 있는 사람들에게는 한번쯤 생각해볼 말씀이다. 아무것도 갖지 않을 때 비로소 온 세상을 갖게 된다는 것은 무소유의 또 다른 의미이다.

－《무소유》중에서

내 소망은 단순하게 사는 일이다. 그리고 평범하게 사는 일이다. 느

낌과 의지대로 자연스럽게 살고 싶다. 그 누구도, 내 삶을 대신해서
살아줄 수 없기 때문에 나는 나답게 살고 싶다.

-《오두막 편지》중에서

'크게 버리는 사람만이 크게 얻을 수 있다'는 법정 스님의 말씀은 잠든
나를 깨우고 내 등짝을 때리는 죽비 소리처럼 큰 울림을 주었다. 자신에게
쓸모없는 물건을 많이 버릴수록 큰 기쁨과 행복이 찾아올 것이다.

자신에게 쓸모없는 물건인데도 비싸게 샀다는 이유로, 소중한 추억이
담겼다는 이유로, 필요한 사람에게 주기 위해서 등등의 이유로 물건을 쌓
아놓고 지내는 사람이 많다. 하지만 그건 물건을 소유하기 위해 자신의 욕
심이 내놓은 핑계일 뿐이다. 그런 속삭임에 귀 기울이지 마라. 더 많이 갖
지 못했다 속상해하지 말고 물건을 더 많이 버리자. 그리고 단순한 삶을
살자.

04
Storage method

어떤 물건을 버리고
남길 것인가

정리하면서 물건을 버리려고 하면 어디서부터 손대야 할지 막막할 수 있다. 이럴 땐 물건을 버리는 데 기준을 정하는 게 좋다.

일단 나에게 필요한 물건인가를 가늠해보는 것이다. 지금 당장은 필요하지 않지만 나중에 필요할지도 몰라서 보관하는 물건이 있다면 과감하게 버리자. 언젠가는 필요할지도 모른다는 그 언젠가는 대부분 오지 않는다.

정히 버리기 어려운 물건이 있다면 '물음표 상자'를 만들어 거기에 물건을 넣고 베란다나 창고 같은 곳에 둔다. 그렇게 보관한 지 3개월이나 6개월이 지났는데도 물음표 상자의 물건을 사용하지 않았다면 그때 버리면 된다. 물음표 상자에 물건을 넣을 때는 반드시 날짜를 써놓아야 한다. 무엇을 보관했는지 라벨링도 해두어야 한다. 버리는 기준을 3개월로 할지 6개월로 할지 그 이상으로 할지는 스스로 정하면 된다.

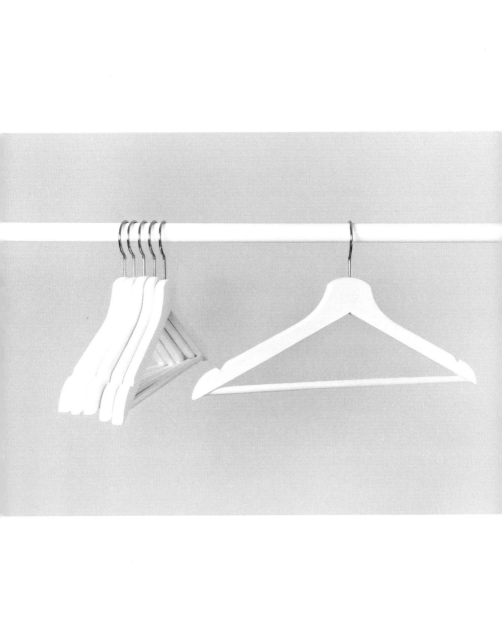

옷을 버리는 기준을 1년으로 할지, 2년으로 할지 정해두면 옷을 버리기가 훨씬 수월해진다. 1년을 기준으로 하기에는 우리나라가 사계절이 뚜렷해서 좀 짧은 것 같고, 2년 정도면 적당하다고 생각한다.

버릴까 말까 고민하는 옷은 그 옷의 옷걸이를 다른 옷과는 반대로 걸어두자. 만약 그 옷을 입었다면 옷을 걸 때 제대로 걸어둔다. 2년이 되었는데도 옷걸이가 반대로 걸려 있다면 한 번도 입지 않은 옷이니 과감하게 버리자.

이런 기준을 정해놓고도 그 기준을 따르지 않는다면 기준은 있으나마나다. 기준을 정하고 버리기로 했으면 반드시 버려야 한다.

옷을 정리할 때 버릴까 말까 고민하느라 그 옷을 입어보면 버리기 어려워진다. 안 맞는 옷을 만지작거리며 다시 날씬해지면 입어야지 하거나, 유행이 지난 옷을 보면서 다시 유행이 돌아오지 않을까 하고 미련을 가지는 것은 좋지 않다. 버려야겠다는 생각이 들면 망설이지 말고 버려라.

옷을 정리할 때는 버릴 옷을 넣어둘 쓰레기봉투나 박스를 미리 준비해두는 게 좋다. 정리할 옷을 꺼내면서 버릴 옷들을 준비해둔 쓰레기봉투나 박스에 바로 담으면 두 번 일하지 않고, 훨씬 수월하게 정리할 수 있다. 이렇게 하면 옷을 버리는 결정도 쉽고 바르게 내릴 수 있다. 다른 물건을 정리할 때도 마찬가지다. 옷을 정리할 때는 다른 물건을 버리는 쓰레기봉투나 박스보다 좀 더 큰 것으로 준비하자.

대부분의 사람이 옷장을 열고는 한숨 섞인 말을 뱉는다.

"어휴, 옷은 이렇게 많은데 입을 옷이 없네."

계절이 지난 옷이나 입지도 않는 옷을 옷장에 잔뜩 쌓아두고 있으니 당연히 옷은 많지만 입을 옷이 없는 것이다. 특히 옷장은 옷을 버리고 비워야 정리가 되는 공간 중 하나다.

유치원 다닐 때부터 정리에 푹 빠져 지냈다는 일본 최고의 정리 컨설턴트 곤도 마리에는 자신의 저서 《인생이 빛나는 정리의 마법》에서 이렇게 얘기했다.

> 마음이 설레는 물건만으로 채워진 자신의 공간과 생활을 상상해보자. 그것이 바로 자신이 누리고 싶은 이상적인 생활이 아닐까? 마음이 설레는 물건만 남기고, 나머지는 전부 과감하게 버리자. 그 순간부터 당신에게 새로운 인생이 시작될 것이다.

설레는 물건에 둘러싸여 있으면 설레는 인생을 살게 된다. 쓸모없는 물건을 버리고, 물건으로부터 자유로워지고, 새로운 인생을 시작할 수 있다면 버리는 데 망설일 이유가 없다. 설레는 물건만 남기고 다 버리자는 곤도 마리에의 주장은 조금 황당한 얘기 같지만 가장 적절한 표현이 아닐까 싶다.

새로운 사람을 만나 연인관계로 발전할지 말지를 결정할 때 어떤 기준으로 판단하면 좋을까? 대부분 상대방이 좋은 직장을 다니는지, 성격이 좋은지, 나를 사랑해줄 사람인지 등을 생각한다. 하지만 가장 좋은 판단 기준은 바로 '이 사람을 만나러 가기 전에 설레는가, 설레지 않는가?'이다.

물건도 버릴지 말지 고민스럽다면 살며시 물건을 만져보고 안아보자. 설렘을 느낀다면 몰라도 그렇지 않은 물건은 버리자. 설렘이 없는 물건이라면 굳이 가지고 있을 이유가 없다.

거실에 모든 물건을
모아놓고 분류한 뒤 버려라

한번은 고객이 옷장만 정리 컨설팅을 원해서 견적을 내러 간 적이 있다. 방이 세 개인 32평 아파트였는데 옷장 안에 있어야 할 옷이 온통 방바닥에 널브러져 있었다. 어떻게 된 일이냐고 물어보니 고객이 직접 옷장을 정리하려고 몇 번 옷을 꺼냈다가 넣으며 정리해봤지만 뜻대로 되지 않아 연락을 했단다.

"옷장이 정리되지 않는 이유 중 하나는 안방에 있는 옷장 따로, 아이들 방에 있는 옷장 따로 정리하셔서 그래요. 정리하다 보면 안방 옷장에서 아이들 옷이 나오거나 다른 방 옷장에서 안방에 보관해야 하는 옷이 나오거든요. 이미 정리한 곳에 넣어야 할 옷들이 뒤섞여 있다 보니 옷장이 정리되지 않는 겁니다."

고객은 내 이야기를 유심히 듣더니 그제야 안방의 옷장만 견적이 필요한 것이 아니라 집 안의 모든 옷장을 정리해야 한다는 걸 이해한 듯했다. 며칠 후, 고객의 옷장은 예전과 전혀 다른 모습으로 탈바꿈했다. 이제 어느 옷장의 문을 열어도 깔끔히 정리된 상태였다. 자신이 원하는 옷을 바로 꺼내 입을 수 있도록 사용자별로 옷장을 정리해서 여기저기 헤맬 필요가 없어졌다.

대부분의 사람이 정리를 해야겠다고 마음먹으면 공간별 정리를 생각한다. 옷장 정리를 예로 들면 안방이면 안방, 옷방이면 옷방, 아이 방이면 아이 방 이렇게 공간별로 정리한다. 그런데 공간별로 정리하고 나면 안방에 보관되어 있던 옷을 아이 방으로 옮겨야 한다거나, 아이 방에 있던 옷을 안방으로 옮겨야 하는 경우도 생긴다. 예컨대 큰아이 옷장을 먼저 정리한 다음에 작은아이 옷장을 정리할 경우, 작은아이 옷장에 섞여 있던 큰아이 옷을 정리가 끝난 큰아이 옷장에 새로 끼워 넣어야 한다. 이런 일이 몇 번 반복되면 애써 옷장을 정리한 게 헛수고처럼 느껴지고, 결국 옷장 정리를 포기하게 된다.

이런 일을 예방하기 위해서는 정리를 하기 전에 거실 같은 넓은 곳에 모든 방의 옷을 다 꺼내놓아야 한다. 그러고는 분류해서 버릴 것은 버리고 정리해야 한다. 거실에 모아놓을 때도 무조건 옷을 쌓아놓지 말고 내 옷, 남편 옷, 아이 옷으로 분류해놓아야 한다. 남편 옷도 정장 상의, 정장 하의, 티셔츠, 등산복 등으로 분류해서 놓는다.

이런 식으로 모든 옷을 분류해놓아야 어떤 종류의 옷을 얼마나 가지고 있는지 정확히 알 수 있고, 버릴지 입을지를 확실히 판단할 수 있다. 이렇게 분류한 뒤에 정리를 해야 일을 줄일 수 있다.

책장을 정리할 때나 거실을 정리할 때도 마찬가지다. 애써 거실의 책장을 잘 정리해놓았는데 서재나 아이 방에서 거실 책장에 꽂아야 할 책이 나오면 난감할 수 있다. 책이 많아서 책장을 빽빽하게 정리해놓았다면 그때는 책 위에 책을 놓게 된다. 책장을 정리할 때 가장 좋지 않은 방법이다.

옷과 마찬가지로 책도 한곳에 모아놓고 경제, 경영, 소설, 에세이, 자기계발 등으로 분류한 뒤 버리는 게 좋다. 한 가지 유의할 것은 책을 버릴지 말지를 고민하다가 책을 읽으면 안 된다. 책을 읽기 시작하면 정리할 시간이 부족해지고, 원하는 시간에 책장 정리를 끝낼 수 없다.

물건을 한군데 모아놓고 분류할 때는 다이소에서 파는 '직사각 4호(품번 56047)' 바구니를 이용하자. 바닥에 바구니를 여러 개 펼쳐놓고 분류하면 편리하고 좋다. 한 바구니에 같은 종류의 물건을 담는 것이다. 정리란 같은 종류의 물건을 한곳에 보관하는 일이기에 종류별로 분류하고 버리는 것이 기본이다.

다른 바구니나 수납용품은 미리 사는 것을 권장하지 않지만 직사각 4호는 집 안을 정리할 때 보통 20개 이상 필요하므로 미리 사놓으면 좋다. 수납할 때도 많이 사용되지만 물건을 분류할 때도 착한 도우미 역할을 한다. 품번을 알려주는 이유는 다이소에 가서 "직사각 4호 주세요. 어디에 있죠?"라고 물어보면 직원이 잘 모르기 때문이다. 품번을 말하면 바로 컴퓨터에서 재고 확인이 가능하고 어디 있는지도 친절하게 안내받을 수 있다. 해당 브랜드의 인터넷쇼핑몰에서 구매할 때도 품번을 치면 주문이 쉽다.

06
Storage method

물건에도 유통기한이 있다

마트에서 식품을 살 때 제일 먼저 확인하는 것이 바로 유통기한이다. 유통기한은 말 그대로 판매할 수 있는 기간, 유통될 수 있는 기간을 말한다. 유통기한이 지난 식품은 아무도 구매하지 않는다.

식품에만 유통기한이 있는 게 아니라 물건에도 유통기한이 있다. 물건의 유통기한이란 그 물건을 사용할 가치가 없어지거나 사용할 이유가 없어지는 것을 말한다. 그러므로 사용할 가치나 이유가 없어진 물건은 과감히 버려야 한다.

고객의 집을 방문하여 정리 컨설팅을 할 때 가끔 듣는 얘기가 있다.

"저 러닝머신 필요하면 가져가세요."

처음 그 말을 들었을 때는 적잖이 당황했지만 자주 듣다 보니 요즘은 고객이 그런 말을 하면 그냥 한번 웃고 만다.

러닝머신은 보통 구매 후 한 달 정도 열심히 사용하다가 사용 빈도가 점점 낮아지면서 결국 전혀 사용하지 않는 애물단지가 된다. 운동기구에서

값비싼 빨래 건조대로 운명이 바뀐다. 덩치가 큰 놈을 집 안에 놔두니 집 안에 괴물이 살고 있는 것처럼 느껴지지만, 비싸게 주고 산 물건이라 아까워서 버리지도 못하고 거실 한쪽이나 방 한구석에 두게 된다. 안타깝지만 가장 먼저 버려야 할 물건 중 하나가 바로 쓰지 않는 러닝머신이다.

러닝머신과 함께 오래된 노래 테이프, CD, 영화 DVD 등도 거의 사용할 일이 없는 단골 애물단지들이다. 노래는 음원사이트에서 일정 금액을 지불하고 듣는 것이 편하고, 인터넷과 IPTV의 발달로 영화는 간편하게 내려받아 볼 수 있다.

여기에 하나 더 추가하면, 오래된 앨범이다. 앨범에는 소중한 추억이 담겨 있지만 그 추억을 더듬고 살 만큼 우리는 한가롭지 않다. 앨범 속 오래된 사진들 중에서 꼭 보관해야 될 것이 있다면 디지털화해서 컴퓨터에 보관하고, 중복되거나 굳이 보관할 필요가 없는 사진들은 과감히 버리는 것이 좋다. 음악, 노래, 사진 등을 디지털화하는 방법은 그리 어렵지 않다. 인터넷에서 검색하면 친절하게 가르쳐준다.

몇 년 전 홈플러스에 갔다가 우연히 싸고 디자인까지 마음에 드는 구두가 있기에 두 켤레를 샀다. 그중 한 켤레를 딱 한 번 신었는데 신발에 땀이 차고 통풍이 안 되어 답답해서 그 뒤로는 전혀 신지 않았다. 컨설팅을 하면서 고객들에게 입지 않는 옷이나 신지 않는 신발, 사용하지 않는 물건은 과감하게 버리라고 권하지만, 나 역시 사용하지 않는 물건을 버리는 것은 꽤 고민이 된다. 결국 비좁은 신발장에서 꺼내 쓰레기통에 버렸다. 거의 신지 않은 새 신발을 두 켤레나 버려야 해서 무척 아깝고 안타까웠지만, 막상 버리고 나니 신발장의 공간도 조금 넓어졌고 그 구두가 눈에 보이지 않아서 오히려 후련한 기분이 들었다.

싼 가격에 디자인이 예뻐서 충동적으로 산 구두를 버리는 아픔을 겪었지만 더 좋은 것을, 꼭 필요한 것을 사는 안목을 길러줬다고 생각하면 그리 비싼 수업료는 아닌 것 같다.

떠나간 애인을 못 잊어서 그리워하고 아파하며 마음으로 보내주지 못하면 새로운 사람을 만날 기회가 오지 않는 것처럼, 아무리 소중하고 귀하게 여겼던 물건이라도 그 역할이 끝나고 인연이 끝났다고 생각하면 쿨하게 보내주어야 한다. 그리고 더 소중하고 더 사랑스런 물건과 새로운 인연을 만들어가면서 사는 것이 바람직하다.

Storage method

들어온 물건만큼 비운다

정리를 잘해도 다시 원상태로 돌아가는 이유 중 하나는 계속 물건이 늘어나기 때문이다. 다시 말해 들어오는 물건은 있는데 나가는 물건이 없기 때문에 물건이 다시 쌓이고 잘 정리했던 공간이 다시 어질러지는 것이다.

이럴 땐 아주 간단한 해결 방법이 있다. 들어온 물건만큼 오래된 물건을 버리고 자리를 비워주는 것이다. 정리수납 용어로 '교체의 법칙'이라고 한다. 우리의 몸도 달리기를 하고 운동을 하면 땀이 나고, 음식을 먹으면 화장실을 가야 하는 것처럼 공간의 한계를 생각해 물건 역시 적당히 배출해 줘야 한다.

죽어라 달리기를 했는데 땀이 안 난다든지, 음식을 먹고 화장실에 가지 않는다면 몸에 탈이 난다. 물건을 사서 들여놓기만 하고 내보내지 않는다면 공간에도 변비가 생기고 더 나아가 물건이 사람을 공격하기 시작한다.

물건을 사지 않고 살면 되지 않느냐고? 사람은 사는 동안 뭔가를 사고 또 버려야 하는 존재다. 그런데 우리가 물건을 사는 데만 초점을 맞추는 경향이 있는 것이다.

TV 드라마 속 주인공이 착용한 예쁜 옷과 가방, 액세서리를 사려고 휴대전화로 폭풍 검색을 하고 주문을 한다든지, 늦은 밤 홈쇼핑에 나오는 음식이나 옷, 화장품에 홀려 이제까지 없었던 구성이라는 쇼호스트의 재촉에 넘어가 주문하는 모습은 낯설지 않다. 곰곰이 생각해보면 내가 진짜 필요해서 사기보다는 '저렇게 싼 걸 안 사면 손해야', '싸게 샀으니 이득이야'라는 생각이 과소비를 조장한다. 꽉 찬 냉장고에 억지로 틈을 만들어 식품을 집어넣다 보니 냉장고 등조차 보이지 않고, 화장품이 남아 있는데도 새로운 화장품을 사는 일이 빈번하다.

충동적으로 물건을 구매하는 소비 패턴을 끊어야 한다. 물건을 살 때는 이것을 어디에 보관하고, 이 물건을 사면 어떤 물건을 정리할지 한 번 더 생각해봐야 한다. 직장에서도 퇴직자가 있어야 신입이 들어오는 것처럼, 낙엽이 떨어져야 새잎이 돋아나는 것처럼, 가야 할 것은 가고 와야 할 것은 오고 이게 바로 세상의 이치 아니겠는가.

내가 좋아하는 시를 하나 소개해볼까 한다.

> 가야 할 때가 언제인가를
> 분명히 알고 가는 이의
> 뒷모습은 얼마나 아름다운가
> 봄 한철
> 격정을 인내한
> 나의 사랑은 지고 있다.

분분한 낙화……

결별이 이룩하는 축복에 싸여

지금은 가야 할 때

_ 이형기 시인의 〈낙화〉 중에서

몇 년 전, 직장에 다니는 동생을 위해 언니가 정리 컨설팅을 의뢰한 적이 있었다. 정리를 하다 보니 베란다에서 갖가지 세제가 박스째로 나왔다. 언니에게 집에 왜 이렇게 세제가 많은지 물었다.

"제 동생이 일하다 보니 그런 걸 홈쇼핑이나 온라인에서 대량으로 사다 놓는 것 같아요."

한참을 일하다 다른 박스가 나와 뜯어보니 유통기한이 6개월이나 지난 배즙이 있었다. 고객이 직장에서 일하느라 마트에 갈 시간이 없다 보니 필요한 물건을 대량으로 구매하는 습관이 있는 것 같았다. 그런데 이렇게 대량으로 물건을 구매하는 습관은 좋지 않다. 자칫 멀쩡한 집 안을 창고로 만들어버리고, 샀는지조차 잊어버리기 쉽기 때문이다. 심지어 이 고객이 쌓아둔 세제는 평생 써도 다 쓰지 못할 양이었다.

이미 구매해놓은 물건이야 어쩔 수 없지만 재구매를 삼가고 재고를 소진하는 데 집중해야 한다. 그리고 필요 이상의 대량 구매는 절대 하지 말아야 한다. 온라인으로 구매하더라도 소량으로 구매하자. 주문하고 하루 이틀이면 택배로 배달되는데 굳이 대량으로 구매할 필요가 없다.

친구 중 막걸리를 상당히 좋아해서 일부러 마트에 가서 서너 병 정도를 사다 놓는 녀석이 있다. 그런데 지방 출장을 가게 되면 한두 병만 마시고 나머지는 유통기한이 지나서 버리는 일이 종종 있다고 한다. 바로 집 앞에 24시간 편의점이 생기면서 막걸리를 몇 병씩 사는 일이 없어졌단다. 필요할 때마다 편의점에 가서 한 병씩 사면 되기 때문이다. 친구는 집 앞에 있는 편의점을 볼 때마다 이런 생각을 한단다.

'우리 집 앞에 막걸리 냉장고가 한 대 들어왔네.'

이 얼마나 현명하고 재미있는 표현인가. 집에 잔뜩 물건을 쌓아둔 채 '이걸 내가 왜 또 샀을까!' 하며 스트레스를 받고, 냉장고는 항상 넘쳐서 식품을 넣을 때마다 빈틈에 욱여넣을 것이 아니라 '물건은 언제든 살 수 있으니 다 쓰면 그때 사자'라고 생각을 바꾸면 어떨까. 그리고 이 물건이 들어가면 어떤 물건을 내보낼지를 한번 생각해보자. 작은 생각의 변화만으로도 집 안 공간에 여유가 생길 것이다.

물건을 버리는 순서를 알면
잘 버릴 수 있다

얼마 전 남자 수강생 중 한 명이 쉬는 시간에 자신의 휴대전화 사진을 보여주며 책장 정리에 대해 얘기한 적이 있다. 사진을 보니 거실 책장의 책을 모두 바닥에 늘어놓았다. 거실 바닥을 책으로 덮을 정도로 책이 많았다. 내가 알려준 대로 집 안의 책을 모두 꺼내놓고 분류하여 정리할 목적이었다. 그런데 문제는 여기 있었다.

"추석 연휴에 책 정리를 해보려고 했는데요. 모든 책을 바닥에 내려놓고 어떤 걸 버려야 할지 고민하다가 한 권, 두 권 읽다 보니 일주일이 지나도록 아직도 정리를 못하고 그대로예요."

책장을 정리하려고 마음을 먹은 것도, 모든 책을 거실에 모아놓은 것도 좋았지만, 문제는 책을 정리하다 말고 책을 읽었다는 데 있다. 그 많은 책을 일일이 읽어보고 버릴지 말지를 결정하려고 하니 정리는 물 건너간 것이다.

책을 버릴 때는 다시 읽을 가치가 있는지를 판단한 뒤 버리는 것이 좋다. 책은 읽기 위한 것이지, 장식용이 아니기 때문이다. 나의 짧은 소견으로는 두 번 읽을 만큼 좋은 책이 아니라면 과감하게 버리는 것이 낫다. 또한 요즘 인터넷 중고서점이나 오프라인 중고서점이 활성화되어서 처분도 수월해졌다. 중고서점에 책을 팔 수도 있지만 중고서점에서 사지 않는 책은 그냥 두고 올 수도 있다.

버리고 정리하는 데에도 순서가 있다. 먼저 박스, 비닐 등 고민 안 하고 바로 버릴 수 있는 물건들을 버리고, 다음에 옷을 버리고, 그다음에 전자제품, 책이나 서류, 약품이나 잡동사니를 버린다. 추억이 담긴 물건은 제일 나중에 버리는 게 좋다. 물론, 버리는 순서가 절대적으로 정해져 있는 것은 아니지만 이런 순서를 지키는 것이 좋다. 그래야 좀 더 빠르게, 실수 없이 버리고 정리할 수 있다.

버리는 순서

박스, 비닐류 ▶ 옷 ▶ 전자제품 ▶ 책, 서류 ▶ 약품, 잡동사니 ▶ 추억이 담긴 물건
　◆ 고민하지 않고 바로 버릴 수 있는 물건이나 큰 물건을 먼저 버린다.

추억이 담긴 물건을 제일 나중에 다루는 이유는 버리는 데 좀 더 많은 시간을 들여 고민해야 하기 때문이다. 추억이 담긴 물건을 먼저 버리려고 하다 보면 버릴지 말지 고민하며 물건을 살펴보다 추억에 잠겨서 많은 시간을 흘려보낼 수 있다.

흩어져 있는 모든 물건을 한데 모은 후 어떤 것을 버리고 남길지 결정해야 한다. 그래야 버려야 할 것과 보관해야 할 것들을 판단해서 빠르게 정리할 수 있다. 전부 모아놓고 보아야 어떤 물건이 얼마만큼 있는지 알 수 있고 양을 파악해야 제대로 판단할 수 있기 때문이다.

옷이든, 전자제품이든, 책이든, 잡동사니든 정리하는 방법은 같다. 아무것도 버리지 않는 것도 문제지만 자칫 버리는 데 집중하여 아무것도 남기지 않는 것 역시 문제다. 어떤 물건이든 옆에 있을 때 나에게 편하고 기분 좋은 물건을 남겨야 한다는 것을 기억하라.

09
Storage method

버리는 것이 망설여진다면
한번 실천해보라

　수납 강의는 대부분 정리 전과 정리 후의 사진을 비교하며 정리수납법을 알려주는 방식으로 진행한다. 거실 정리에 대해 강의하던 중, 서랍 속에 상당한 양의 카세트테이프를 수납한 사진이 나왔다. 요즘 카세트테이프를 들을 일도 거의 없거니와 카세트 플레이어가 있는 경우도 드물다. 강의 도중에 이 사진이 나오면 나는 괜히 웃음이 나온다.

　"여러분, 여기 카세트테이프 보이시죠. 이 테이프는 보관하는 게 나을까요, 아니면 버리는 게 나을까요? 그렇죠, 사실 이 테이프를 들을 일은 거의 없을 거예요. 그러니 버리는 게 낫겠죠. 테이프를 과감하게 버리라고 말씀드리지만 실은 저도 이 사진에 나오는 양만큼 카세트테이프를 가지고 있습니다."

　음악이 듣고 싶으면 간단하게 비용을 지불하고 음원으로 들을 수 있는데 카세트테이프를 보관하는 것이 다소 구닥다리처럼 느껴질 수도 있다. 심지어 정리 컨설팅 강의를 하는 사람이 카세트테이프를 보관하고 있다는 것이 앞뒤가 안 맞는다고 생각할 수도 있다. 그러나 나의 학창 시절, 청춘의 고독과 아픔을 위로해준 노래들이 담긴 카세트테이프를 나는 차마 버릴 수가 없었다.

이렇듯 정들었던 물건과 이별한다는 게 결코 쉬운 일이 아니다. 사람은 물건을 사용할 뿐만 아니라 알게 모르게 물건과 정이 들고 그 물건과 소통하게 된다. 일종의 감정이 생기는 것이다. 그래서 사용하지 않아도 물건을 버리는 것이 쉽지 않다. 게다가 앞서 말했듯이 물건을 버리겠다는 생각을 하고 나면 그 물건이 필요하지 않을까, 언젠가는 필요할지도 모르는 물건인데…… 이런 불안감이 든다.

하지만 그 물건이 다시 필요한 경우는 거의 없다. 설령 있다 해도 한두 개가 될까 말까다. 버린 물건은 다른 물건으로 대체할 수도 있고, 꼭 필요하면 다시 사면 된다. 쓸모없는 물건을 버려서 얻는 행복에 비하면 아까운 감정은 잠시다.

나는 수납 강의를 할 때는 교실을 임대해서 사용했다. 다행히 내가 있는 건물의 지하 1층에 세미나실이 있어서 큰 불편은 없다. 그런데 어느 날 임대료를 100퍼센트 인상한다는 공고문이 붙었다. 화가 났지만 이미 결정된 일이라 소용없었다. 다른 장소를 물색해봤으나 내가 있는 사무실 인근에는 강의실로 사용할 만한 곳이 없었다.

며칠 동안 고민하던 나는 한 가지 묘안을 떠올렸다.

'사장실 벽을 허물고 이 자리를 교실로 만들어보자.'

사장실 벽을 허물기로 하고 보니 15년 가까이 사용한 책상, 소파, 집기들과 과연 이별할 수 있을까 싶었다. 비싼 돈을 주고 산 물건이기도 했고, 막상 버리려니 아깝다는 생각이 들었다. 15년간 정들었던 물건과의 이별은 정말이지 고통스러웠다. 결심하기까지 무척 힘들었지만 당장 강의실이 필요한 상황이어서 과감하게 사장실을 정리하기로 결정했다.

집기들은 복도에 빼내고 '필요하신 분은 가지고 가세요'라는 문구를 써 붙여놓았더니 열흘 만에 모두 정리되었다. 처음 며칠은 못내 아쉽고 서럽기까지 했지만 새롭게 꾸민 강의실에서 수강생들과 함께 호흡하며 강의에 열중하다 보니 아쉬움을 잊을 수 있었다. 또한 수강생과 함께할 수 있다는 기쁨에 비하면 그 정도 서러움은 별게 아니었다.

'그래 참 잘했다. 버리기를 정말 잘했다.'

그 후로 나는 강의를 할 때나 정리 컨설팅을 할 때 내 경험을 예로 들어 한 번 버리는 게 어렵지, 그다음부터는 쉽다고 자신 있게 이야기한다. 버리는 것이 망설여지는가. 주변을 둘러보고 쓸모없는 물건을 한번 버려보자. 버리는 것의 묘미를 맛본다면 그 기쁨에서 헤어나지 못할 것이다.

팔 수 있는 물건은 팔아라

필요 없는 물건을 쌓아놓고 있으면 물건이 공간을 차지하는 것으로 끝나는 게 아니라 물건에 먼지가 쌓이고, 청소도 힘들뿐더러 자신에게도 좋지 않은 영향을 미친다. 주인이 사용하지 않는 물건에서는 나쁜 기운이 나온다.

버려야 할 물건에는 고장 나서 사용할 수 없는 물건, 사용하는 데 문제 없으나 새 제품을 사서 사용하지 않는 구형 물건, 너무 오래되어서 유행이 지난 옷 등이 있다. 이 중에서 버려야 할지 말지 고민할 필요 없는 물건은 버리는 데 크게 문제되지는 않는다. 그중에는 나에게는 필요 없지만 누군가에게는 필요한 물건이 있다. '이런 물건을 누가 사겠어'라는 생각은 옳지 않다. 팔 수 있는 물건은 중고나라에서 처분하고, 비싼 물건이라면 옥션에서 경매로 팔면 된다.

'한 번도 해본 적이 없는데 내가 할 수 있을까', '귀찮게 그런 걸 하고 있어'라는 생각은 하지 마라. 한번 해보면 이렇게 재미있고 쉽게 돈을 벌 수도 있구나 싶을 것이다.

정리 컨설팅을 하면서 고객들에게 이와 같은 중고 거래나 기부를 적극 권유한다. 대형 가전제품이나 가구는 운반에 어려운 점이 있지만 사이트에 올려두면 그 물건을 필요로 하는 사람은 용달을 불러서라도 구매하려고 한다. 택배 거래가 가능한 물건은 운송장 번호를 공유하는 방법으로 거래하면 된다. 안전한 거래를 위해 '더치트' 사이트에 거래자의 이름과 연락처를 검색하여 거래에 문제가 없는지도 확인할 수 있다.

나 역시 중고 거래의 경험이 있다. 컴퓨터용품 사업을 하다가 갑작스럽게 공장 문을 닫아야 하는 상황이었다. 공장에서 사용하던 전기히터 3대는 잘 쓰고 있던 물건이라 버리기는 아깝고 사무실에 두자니 먼지만 쌓일 것이기에 고민스러웠다.

'아 그래, 이걸 중고나라에 올려서 팔아보자.'

과연 공장용 전기히터가 팔릴까 걱정도 됐지만 일단 게시판에 제품 사진과 가격을 올리고 물품을 등록했다. 일주일 만에 3대를 모두 팔았다. 잘 팔린 이유는 중고 시세를 조사하고 조금 더 싸게 등록한 덕분이었다. 히터를 한 대 팔 때마다 받는 돈은 뜻하지 않은 선물을 받는 기분이었다.

자신에게는 필요 없지만 다른 사람에게는 필요한 물건일 수 있다. 다른 사람에게 팔 수 있는 물건이라면 중고 거래를 적극 권한다. 또한 팔기에는 애매하고 아까운 물건이 있다면 친구나 이웃에게 나누어주는 것도 좋다. 나눔을 실천하는 가게에 기부하는 방법도 있다. '아름다운 가게'에 기부하면 기부 영수증을 받을 수 있고 이 영수증은 연말정산 시 세금 혜택을 받을 수 있다. 아름다운 가게 외에도 '굿윌스토어' 등 우리 주변에는 기부할 수 있는 곳이 많다.

이러한 나눔은 자신에게 작은 기쁨과 행복을 준다. 정리의 구호 세 가지인 '비움, 나눔, 채움' 중에 나눔은 나눈 만큼 자신에게 기쁨과 행복으로 채워진다. 그 물건을 가져가는 사람은 그로 말미암아 누군가의 온정을 느끼고 살 만한 세상임을 느끼게 된다. 이러한 나눔과 사랑은 삭막하고 차가운 세상을 따뜻하게 하는 작은 장작불이 될 수 있다.

Chapter 3

이것만 알아도
정리의 달인

: 실패하지 않는 정리의 기술

01
Storage method

먼저 레이아웃을 정한다

'우물쭈물하다가 내 이럴 줄 알았지'라는 묘비명으로 유명한 영국의 소설가 조지 버나드 쇼는 생각에 대해 이런 말을 했다.

"사람들은 일 년에 두세 번도 생각이라는 걸 하지 않는다. 그래서 나는 일주일에 한두 번 생각만으로 세계적인 명성을 얻었다."

많은 사람이 평소 생각하지 않고 산다는 것을 단적으로 표현한 말이다. 정리도 마찬가지다. 대부분의 사람이 정리를 해야겠다고만 생각하고 스트레스를 받으면서도 결코 행동으로 옮기지 않는다. 정리를 미루고, 깔끔하지 않은 환경에서 생활하면 육체적으로나 정신적으로 자신에게 도움이 되지 않는다. 번번이 '나중에 해야지'라고 생각만 했다면, 그 생각을 끊어버리고 지금 당장 정리를 해보자.

'지금 당장'이라는 두 단어가 주는 힘은 실로 엄청나다. 나 역시 일을 하다 보면 책상을 어지르기 일쑤였다. 여러 장의 서류를 출력해서 살펴보다가 서류 위에 또 서류를 쌓아 아까 출력한 서류를 찾느라 부산을 떠는 일도 종종 있었고, 볼펜을 아무 데나 두어서 서류 더미에서 볼펜을 찾느라 애를 먹은 적도 있었다. 그럼에도 급하게 외근을 나가거나 퇴근을 해야 할 때면 '다녀와서 해야지' 혹은 '내일 아침에 해야지'라는 생각에 잔뜩 어질러진 책상을 뒤로하고 나가곤 했다. 그러나 사무실로 돌아와서 제대로 정리한 적은 없었다.

그러다 이래서는 안 되겠다는 생각에 한 가지 실험을 했다. 휴대전화로 타이머를 설정해놓고 책상을 정리해보기로 한 것이다. 과연 책상 위에 산만하게 늘어놓은 서류와 필기구를 정리하는 데 얼마나 걸렸을까. 고작 1분 55초밖에 걸리지 않았다. 믿어지는가? 일부러 빨리 정리하지 않았음에도 불과 1분 55초밖에 걸리지 않았다. 생각보다 시간이 덜 걸려 몇 번이고 휴대전화를 들여다보았다. 이렇듯 아침 업무를 시작하기 전 2분 정도만 투자하면 잘 정돈된 책상에서 하루를 멋지게 보낼 수 있다.

물론 상황에 따라서 시간이 더 소요될 수도 있지만 특별한 상황이 아니라면 누구나 3분 이내에 책상을 정리할 수 있다. 책상 정리는 가능한 한 퇴근 직전에 하는 것을 추천한다. 출근하여 잔뜩 어질러진 책상에서 일을 하는 것보다 말끔하게 정리된 책상에서 하루를 시작하는 것이 훨씬 기분 좋을 테니 말이다.

2~3분이라는 짧은 시간을 투자하는 것만으로도 하루가 달라질 수 있다는 인식의 전환, 생각의 변화가 필요하다. 나 역시 그런 경험으로 정리에 대한 생각을 달리했고 정리를 통해 일상에서 많은 변화를 경험했다. 그 시발점은 바로 '1분 55초 책상 정리'였다.

효율적인 정리를 위해서는 먼저 이 공간을 어떻게 정리할지를 고민하고 설계해봐야 한다. 나는 이것을 '레이아웃을 정하기'라고 표현한다. 레이아웃이란 자신이 정리하고자 하는 공간에 물건을 어떻게 배치하고 효과적으로 정리할지를 머릿속으로 상상하고 그려보는 것을 말한다. 다시 말해 공간별로 어떤 물건을 배치할 것인가를 계획해보는 것이다.

물론 처음부터 머릿속으로 레이아웃을 그리는 것은 쉽지 않다. 레이아웃을 그렸다고 해서 뜻대로 되지 않을 수도 있다. 하지만 자꾸 머릿속으로 레이아웃을 그려보고 정리하면 생각과 무엇이 다른지 확인해볼 수 있고, 설령 잘못되었다고 해도 다음번에 좀 더 잘할 기회가 생긴다.

영화 〈비긴 어게인〉을 보면 이런 장면이 나온다. 실연의 슬픔에 깊이 빠져 있던 그레타가 친구를 따라 뮤직바에 갔다가 친구의 요청으로 무대에 올라 노래 부를 기회를 갖는다. 그러나 청중은 그레타의 노래에 시큰둥하기만 하다. 그때 뮤직바에 있던 유명한 음반 프로듀서 댄은 그레타의 노래를 들으며 상상한다. 무대 위에 피아노와 드럼 소리, 첼로와 바이올린 소리가 그레타의 노래와 완벽한 하모니를 이루는 광경을 머릿속으로 그려낸다. 그레타의 목소리만으로 자칫 심심할 수 있는 노래가 댄의 머릿속에서 하나의 완벽한 음악으로 재탄생하여 영화 관객들에게 그레타의 목소리가 얼마나 아름다운지 깨닫게 해준다.

이렇듯 공간을 나누고, 세분화하고, 어디에 어떤 수납용품을 활용할지, 물건을 배치했을 때 공간이 부족하거나 너무 휑하지는 않는지, 물건을 어떻게 배치해야 질서 있고 아름다울지도 고려해야 한다.

의미 있는 삶을 살기 위해 생각을 하고 계획을 세우듯이 정리에도 생각과 계획이 필요하다. 잠깐이라도 레이아웃을 먼저 생각하고 정리하는 것과 그렇지 않은 것의 차이는 크다. 처음에는 별 차이가 없는 것 같지만, 생각이나 계획 없이 정리하다 보면 '내가 지금 뭘 하고 있지'라는 생각이 들게 되고, 나중에는 물건을 안 보이는 곳에 그냥 처박아놓기도 한다. 레이아웃을 먼저 그려보는 것은 정리에서 굉장히 중요하다. 정리의 큰 틀을 잡아주는 레이아웃을 그려보는 습관을 가져야 한다.

02
Storage method

수납용품을
미리 사지 마라

업무상 수납용품을 사기 위해 수납용품 판매 매장에 자주 간다. 매장에서 수납용품 코너를 둘러보다 보면 손에 수납용품을 몇 개 든 주부들을 자주 보게 된다. 어디에 쓰려고 하는지는 모르겠지만 전문가가 보기에는 별로 쓸모가 없는 수납용품이다.

"저, 실례지만 그 수납용품으로 무엇을 정리하려고 하시나요? 어디에 쓰려고 하는지 알려주시면 제가 수납용품을 골라드리고 싶은데요."

이렇게 말하고 싶지만 생전 처음 보는 남자가 말을 걸면 이상하게 생각할 것 같아 그저 안타까운 눈으로 바라볼 뿐이다.

수강생 중 수업을 받기도 전에 수납용품을 먼저 사놓고 배운 것을 활용해서 바로 정리하겠다는 사람들이 있다. 그런 수강생들을 위해 나는 첫 시간에 이런 이야기를 한다.

"여러분, 수납용품에 대해 배운다고 해서 미리 수납용품을 사시면 안 됩니다. 미리 사면 쓸모없는 수납용품을 사게 되고, 곧 후회합니다."

그렇게 말하고 나면 꼭 몇몇 수강생의 표정이 수상쩍다.

"혹시 배우기도 전에 미리 사놓으신 분 있나요?"

아니나 다를까, 수상한 표정의 수강생이 겸연쩍은 듯 오른손을 살짝 든다.

한 수강생은 수업을 받기 전에 미리 수납용품을 10만 원 어치나 사놓았단다. 나는 그 수강생에게 반품하는 게 좋겠다고 정중히 권했다. 어떤 용품을 구입했는지는 모르지만 틀림없이 쓸모없는, 그저 보기에 좋은 수납용품들을 구입했을 것이 분명하기 때문이다.

목수가 톱이나 대패 등의 도구를 제대로 사용할 줄 알아야 하듯이 정리를 하는 사람은 수납용품을 제대로 이해하고 적절히 사용할 줄 알아야 한다. 수납용품의 쓰임에 대해 잘 아는 것만으로도 정리수납의 절반은 해놓은 것이나 다름없다.

거듭 강조하지만 정리수납을 몇 번 해보고 정리에 자신감이 붙기 전까지는 수납용품을 많이 사둘 필요는 없다. 영역별로 어떤 수납용품을 사용해야 하는지에 대해서는 4장에서 좀 더 자세히 다루겠다.

수납용품에만 전적으로 의지해서 정리하려 해서도 안 되지만 수납용품을 전혀 사용하지 않고 정리하는 것도 권하지 않는다. 물론 수납용품 없이도 정리는 가능하지만, 그렇게 하면 정리한 것이 흐트러지기 일쑤다. 좋은 수납용품이 있다면 그 사용을 굳이 꺼릴 필요는 없다. 목수가 톱이나 대패를 사용하지 않고 맨손으로 일하면 효율적이지 않듯이 적절히 수납용품을 활용하길 권한다. 수납용품 하나가 공간을 두 배, 세 배로 활용할 수 있게 해주기 때문이다.

나는 다이소의 수납용품 중 특히 수납 바구니를 많이 사용한다. 크기에 따라 가격이 1,000~3,000원 하는데 활용도가 매우 높다.

예를 들면 4인 가족이 사는 집에는 대부분 신발장이 차고 넘쳐서 신발 수납 공간이 매우 부족하다. 신발을 서로 겹쳐서 넣기 일쑤고, 그렇게 되면 비싸게 산 신발들이 뒤엉켜 망가지기도 한다. 이때 슈즈랙을 활용하면 신발 한 켤레를 수납하는 공간에 두 켤레를 수납할 수 있어서 공간 활용도를 높여준다.

슈즈랙은 고정형과 조절형 두 종류가 있다. 고정형은 높이가 고정되어 있어서 보통 굽이 높지 않은 여성용 구두 수납에 적합하다. 남성용 구두나 굽이 높은 여성용 구두를 수납하기에는 한계가 있다. 높이를 조절할 수 있는 조절형은 남성용 구두나 굽이 높은 여성용 구두도 수납할 수 있다. 둘 다 가격은 같다. 이렇듯 슈즈랙 하나도 그 쓰임새를 알고 구입하는 것과 모르고 구입하는 것에는 큰 차이가 있다.

다른 예로, 대부분의 가정에서 쌓아두고 사용하는 접시를 보자. 위에 있는 접시만 주로 사용하면 상관없지만 아래에 있는 접시를 뺄 때는 위의 접시를 들고 빼야 하므로 자칫 위험할 수 있다. 이럴 때 접시 선반을 활용하면 크기가 다른 접시를 2층으로 수납할 수 있어서 접시를 꺼낼 때 한 번에 꺼낼 수 있다. 알고 나면 반드시 사용하는 주방 필수 수납용품이다.

보통 겹쳐서 보관하는 프라이팬도 있다. 프라이팬을 겹쳐서 보관하면 위생상 좋지 않다. 이때 프라이팬 정리랙을 활용하면 한 개씩 올려놓고 수납할 수 있어 좋다. 위생적이면서도 꺼내고 수납할 때 편리하다.

요즘 옷장에는 바지를 길게 걸 공간이 별로 없다. 바지를 걸어놓으면 밑 자락이 접히거나 끌리는 경우가 많다. 이때 L 자형 논슬립 바지걸이를 사용하면 바지를 반으로 접어 걸어도 바지가 흘러내리지 않고 잘 구겨지지도 않는다.

이렇게 편리하고 유용하게 활용할 수 있는 수납용품은 생각보다 많다. 정리에 관심이 있다면 틈틈이 주변의 수납용품 매장을 둘러보자. 주변에서 가장 많이 볼 수 있고 쉽게 갈 수 있는 곳 중 하나가 앞서 말한 다이소다.

다이소의 수납용품 코너에 어떤 용품이 있는지 살펴보고 필요하다 생각하면 일단 한두 개만 살 것을 권한다. 여러 개를 사면 나중에 후회할지도 모르기 때문이다. 구입한 수납용품을 몇 번 사용해보면 쓰임새를 알게 될 것이다. 예를 들어 작은 바구니를 하나 구입해서 거기에 매일 사용하는 지갑, 벨트, 자동차 열쇠 정도만 놓고 며칠 사용해보자. 그 물건들을 찾느라 헤매지 않고 한곳에서 바로 꺼내 쓸 수 있어서 편리함과 만족감을 느낄 것이다.

한샘 매장에 가면 주방에서 활용도가 높은 수납용품을 볼 수 있으며, 이케아에 가면 중저가형이면서도 심플하고 공간 활용도가 높은 가구를 볼 수 있다. 이케아는 작지만 공간을 잘 활용할 수 있는 아이디어 상품이 많아서 보는 즐거움까지 더해준다.

되도록 오프라인 매장을 직접 가 살펴보고 구매하는 것을 권장하지만 인터넷으로 다이소몰, 한샘몰, 두두월드, 창신리빙, 모던 하우스 등을 검색해서 여러 수납용품을 살펴보는 것도 용품 안목을 높이는 방법이다.

정리는 생활과 업무 공간을 넓게 하고 편리하게 만드는 일이다. 바꿔 말하면 숨어 있는 공간을 찾아내고, 죽어 있는 공간을 살려내는 작업이다. 그 정리에 일조하는 게 바로 수납용품이다. 수납용품을 잘 알고 활용할 줄 알면 정리는 그만큼 수월해진다.

03
Storage method

물건에 돌아갈 자리,
주소를 마련해주자

    나는 업무를 보기 위해 자리에 앉으면 제일 먼저 책상 위 물건들이 제자리에 있는지 확인한다. 그리고 2~3분간 물건들을 정리한 후 업무를 시작한다. 이것은 업무 시작 전 집중하기 위해 마음을 비우는 작업이다. 정리의 중요성을 모르고, 정리수납 전문가가 되기 전에는 빨리 업무를 시작하는 것이 좋다고 생각했다. 그래서 책상 위 갖가지 서류, 물건을 한쪽으로 밀어 넣거나 그냥 그대로 놔두고 업무를 시작하곤 했다. 지금은 내가 세운 원칙을 지키기 위해, 또 효율적인 업무 진행을 위해 책상 정리를 습관화했다.

    일단 책상 위에 놓인 서류 중에 처리된 서류와 중요하고 급하게 처리할 서류를 확인하여, 처리된 것은 서류함에 두고 처리해야 할 것은 책상 끝자리에 두었다가 책상 정리가 끝난 후 집중해서 처리한다. 필기구는 모두 필통에 넣어두는 것이 아니라 한 개씩 꽂아둘 수 있는 수납도구를 사용한다. 볼펜도 검은색, 빨간색, 파란색 다음에 샤프펜슬과 네임펜 순으로 꽂아서 정리한다. 이렇게 하면 편리하게 꺼내서 사용할 수 있다.

업무상 두 대의 모니터를 사용하고 있는데, 여러 물건을 구분해서 둘 수 있는 모니터 받침대를 활용해서 휴대전화 배터리, 화이트, 지우개 등을 정리한다. 휴대전화도 상황에 따라 여기저기 두는 것이 아니라 모니터 바로 옆에 휴대전화 자리를 마련하여 항상 그 자리에 둔다.

볼펜을 색깔별로 꽂아두고 거치대에 휴대전화를 두는 것이 뭐 그리 중요하냐고 생각할 수도 있는데, 필요한 물건을 찾아 헤매지 않고 바로바로 사용할 수 있는 것과 그렇지 않은 것에는 확연한 차이가 있다. 이는 업무 효율뿐 아니라 자기 자신을 위해서도 필요한 일이다.

나는 집에 들어가면 신었던 신발을 신발장에 두고 다음 날 신고 나갈 신발을 미리 꺼내놓는다. 그 신발은 내일 입을 옷에 맞춰 미리 준비해둔다. 그렇게 하면 바쁜 아침에 어떤 신발을 신을지 고민하지 않아도 되니 좀 더 상쾌한 마음으로 출근할 수 있다.

대부분 아침에 출근할 때마다 자동차 열쇠를 많이 찾는다. 대개 화장대 위나 책상, 테이블 등에 두는데 부피가 작다 보니 다른 물건 밑에 깔려 숨어 있으면 바쁜 출근 시간대에 자동자 열쇠 하나 때문에 전쟁 아닌 전쟁을 치러야 한다. 벽면에 후크를 부착해서 자동차 열쇠를 걸어놓으면 열쇠를 찾다가 허겁지겁 출근하는 일은 없을 것이다. 후크는 몇백 원만 주면 살 수 있다.

앞에서 얘기한 사례들은 물건을 제자리에 두고, 물건이 돌아갈 자리를 마련해주고, 물건에 주소를 정해주는 것이 얼마나 중요한 일인지를 보여준다. 사람에게는 일을 마치고 밤이 되면 돌아가서 쉬어야 할 집이 있어야 하듯이, 물건도 제 역할을 마치고 돌아갈 집을 마련해주어야 한다.

물건에 주소를 지정하는 방법은 같은 종류의 물건은 묶어서 수납하고 비슷한 물건끼리 곁에 두는 것이다. 예를 들면 물컵, 맥주잔, 와인잔 등을 여기저기 두는 게 아니라 컵 종류는 모두 한자리에 모아두는 것이다. 종류별로 분류하는 것을 소홀히 하거나 대충 해서는 안 된다. 종류별로 세분해서 분류하면 정리할 때는 힘들고 귀찮을지 모르지만 일단 분류하고 정리하면 그 상태를 유지하는 것은 어렵지 않다. 그렇게 하면 정리가 즐거운 일이 된다. 사람도 집에 돌아와 휴식을 취하듯이, 물건 역시 제집에서 편히 쉴 수 있게 해주자. 그리고 물건을 제자리에 둘 때는 '오늘도 고마웠다'라는 인사와 함께 감사한 마음으로 두자.

겹치기 수납을
하지 마라

   보통 물건이나 옷을 쌓아서 겹치기 수납(가로 수납)을 하면 밑에 있는 물건이나 옷을 꺼낼 때 한 손은 위에 있는 것을 들고 다른 손으로 어렵게 꺼내야 해서 불편하다. 이렇게 하면 밑에 있는 물건을 꺼내서 다시 제자리에 놓을 때 애써 정리해놓은 물건이나 옷이 흐트러진다. 접시나 그릇은 자칫하면 깨질 수도 있다. 되도록 겹치기 수납을 하지 말고 한 번에 꺼낼 수 있게 하는 게 좋다. 이걸 '원터치 방식'이라고 한다.

   접시를 수납할 때 크기가 다른 접시를 겹쳐서 수납하면 밑의 접시를 꺼낼 때 어려움이 있다. 이럴 때 정리 후의 사진처럼 접시 선반을 이용하여 크기가 다른 접시를 2층으로 수납하면 밑의 접시를 꺼낼 때 수월하다. 1,000원짜리 접시 선반 하나를 사용했을 뿐인데 접시 꺼내기가 한결 편해진다.

   단순히 편리함에서 더 나아가 두 번째 사진과 같이 접시 선반을 활용하여 원터치 방식으로 접시를 꺼낼 수 있도록 수납하면 심리적으로도 안정

접시 정리 전

접시 정리 후

감이 든다. 접시를 사용하지 않더라도 다른 그릇을 꺼내기 위해 찬장 문을 열 때마다 느끼는 분위기나 심리적인 차이는 크게 다르다.

이렇듯 정리에 대한 개념을 가지고 꾸준히 실천하면 정리를 잘하는 정리력이 생긴다. 남들이 정리하는 것이 좋아 보여서, TV에 나오기에 한번 해볼까 하는 생각에서 시작할 수 있다. 그렇게 정리를 하다 보면 자신에게 잘 맞는 것과 맞지 않는 것이 나눠지면서 정리력이라는 근육이 붙는다. 처음에는 따라 하는 정리일 수 있지만 정리에 대한 개념을 갖고 꾸준히 시도하면 정리력이 몸에 습관처럼 붙어 내게 맞는 정리가 될 것이다.

한국인의 특성상 식사를 할 때 대략 대여섯 가지 반찬을 곁들여 함께 먹는다. 그런데 혼자 밥을 먹으려고 냉장고를 열었을 때 눈에 보이는 반찬만 꺼내는 바람에 다른 반찬은 먹지 못하는 경우가 있다. 바로 냉장고 반찬 정리 전 사진처럼 말이다.

여러 반찬을 '반찬 정리 후'처럼 하나의 쟁반에 놓으면 어떤 변화가 생길까. 냉장고에서 반찬과 숨바꼭질을 하지 않아도 된다. 대여섯 가지 반찬

반찬 정리 전   반찬 정리 후

을 한 번에 꺼내 먹을 수 있고 먹고 나서는 쟁반에 반찬을 올려 한 번에 넣을 수 있다. 원터치 방식을 활용한 가장 좋은 예다. 나는 이 방법을 아는 순간 바로 실천했는데 너무 편하고 좋아서 '야호' 소리가 나올 정도였다. 다른 건 몰라도 이것은 꼭 실천해보길 권한다. 낚시꾼의 손맛 같은 느낌이랄까. 이런 맛을 한번 보면 정리와 빨리 친해질 수 있다.

세로 수납은 정리의 기본 중에 기본이다. 세로 수납은 내가 정리수납을 하면서 좀 더 일찍 알았으면 얼마나 좋았을까 하고 무릎을 쳤던 수납법이다. 우리는 물건을 정리할 때 대체로 차곡차곡 쌓아놓는다. 특히 옷을 접어서 쌓아놓는 경우, 위에 있는 옷을 들고 밑에 있는 옷을 꺼내다 보면 옆으로 무너지기 일쑤다. 지금까지 많은 집을 정리 컨설팅을 했는데 옷을 접어서 세로로 수납한 집은 거의 보지 못했다. 그것도 제대로 수납하지 못해 겹치기 수납과 다를 바 없었다. 세로 수납은 옷장이나 냉장고는 물론 다른 공간을 정리할 때도 가장 유용하게 활용할 수 있는 개념이자 법칙이다.

겹치기로 수납한 사진을 보면 옷가지들이 겹쳐 있어 안쪽에 어떤 옷이

세로 수납 전

세로 수납 후

있는지 전혀 알 수 없다.

'눈에 보이지 않는 물건은 없는 물건이다.'

이는 내가 수납 강의를 할 때마다 강조하는 말이다. 안쪽에 있어서 보이지 않는 옷들은 아예 없는 옷이나 마찬가지다. 그런데 바로 위 사진처럼 바구니를 이용하여 세로 수납을 했더니 한눈에 보아도 깔끔하고 어떤 옷이 있는지 정확히 알 수 있어서 쉽고 편하게 필요한 옷을 꺼낼 수 있다. 옷을 수납할 때는 접어서 제자리에 그대로 두면 된다. 옷을 접는 자세한 방법은 5장에서 이야기하겠다.

겹치기 수납을 하느냐, 세로 수납을 하느냐는 사용 편의적 측면에서 그 차이가 확실하다. 겹치기 수납은 정리한다는 개념보다 물건을 안 보이는 곳에 넣어두는 것이나 다름없다.

앞서 원터치 방식과 세로 수납을 설명하면서 좋은 예와 좋지 않은 예를 몇 가지 들었다. 주방과 옷장을 예로 들어 설명했는데 두 가지 방식은 모든 공간에서 활용할 수 있으므로 잘 기억해두고 실천하길 바란다.

핑거존의 법칙,
손이 닿는 곳에 수납하라

　자주 사용하거나 매일 사용하는 물건은 손이 닿는 곳에 수납하는 것이 정석이다. 예를 들어 매일 사용하는 밥그릇과 국그릇은 찬장 상부장의 상, 중, 하 칸에서 어느 곳에 수납하면 좋을까. 손이 닿는 맨 밑 하단에 수납하는 게 좋다. 이렇게 손이 닿는 곳에 자주 사용하는 물건들을 보관한다고 해서 '핑거존의 법칙'이라고 한다.

　상부장의 맨 밑에 매일 사용하는 밥그릇과 국그릇을 수납하는 일이 어려운 일일까. 그렇지 않을 것이다. 그런데 정리 컨설팅 견적을 보러 가거나 정리 컨설팅을 하러 가면 상부장 맨 밑에 밥그릇과 국그릇을 수납한 경우는 매우 드물다. 대부분 이산가족처럼 뿔뿔이 흩어져 있거나 2인 가족이 사는데 밥그릇과 국그릇이 네다섯 개씩 수납된 경우가 많다.

　핑거존의 법칙대로 밥그릇과 국그릇을 상부장 맨 밑 하단에 가족 수대로 수납하거나 한 개를 더하여 수납한다. 예를 들어 2인 가족이면 두 개나 세 개를 두라는 얘기다. 나머지는 상부장의 상단에 보관하고 필요할 때 꺼내 쓴다. 핑거존, 다시 말해 손이 닿는 상부장 하단에 가족 수대로 식기 숫자를 맞추어놓으면 편리하고 위생적이다. 가족 수보다 식기가 많으면 설거지를 미루게 되어 위생상 좋지 않다.

핑거존의 법칙은 '자주, 매일 사용하는 물건은 손이 닿는 곳에 보관한다'는 개념으로 생각할 수도 있지만, '그 외의 물건은 보관용으로 다른 곳에 수납하거나 쓸모없는 물건은 버린다'는 개념을 포함하고 있다. 이 핑거존의 법칙을 잘 이해하고 실행한다면 이미 당신은 정리의 기본을 갖춘 셈이다.

상부장 정리 전 사진을 보고 가족이 몇 명인지 가늠해보라. 사실 이 사진만 보고 가족이 몇 명인지 알아차리는 일은 생각보다 어렵다. 그릇을 종류별로 한군데 수납하지 않고 여기저기 수납했기 때문이다.

그럼 상부장 정리 후 사진을 보자. 가족이 몇 명인지 가늠해볼 수 있다. 세 명이다. 하단의 가운데 수납한 밥그릇과 국그릇의 숫자를 보면 알 수 있다.

상부장의 하단, 가운데 부분이 바로 '핑거존'이다. 핑거존에 수납된 밥그릇과 국그릇이 보일 것이다. 중간에는 자주 사용하지 않는 그릇을 수납한다. 사진에 나오지 않았지만 상단에는 보관용을 수납한다. 정리 전후 사진을 보면 확연한 차이를 알 수 있다. 이렇듯 정리는 알고 실천하면 결코 어려운 일이 아니다.

사람들은 의외로 물건을 많이 쌓아두는 것을 좋아한다. 눈에 보이는 곳에 사용하는 물건만 수납하면 좋은데 언젠가는 사용할지도 모른다는 생각에 사용하는 양의 2배가량을 수납해놓는다. 같은 종류의 물건을 한군데 보관하지 않다 보니 찾다가 없으면 새로 산다. 그러다 보니 늘 공간이 부

상부장 정리 전

상부장 정리 후

족하고, 물건을 겹쳐놓고 끼워 넣다 보니 물건이 안 보이고, 다시 물건을 구입하는 악순환의 고리를 끊지 못한다.

한번은 아파트에 사는 고객의 집 정리 컨설팅을 하는데 이불이 너무 많아서 옷장 문이 안 닫혔다. 왜 이렇게 이불이 많냐고 집주인에게 물어보니 손님 접대용이라고 대답했다.

"고객님, 손님이 일 년에 몇 번이나 오시나요?"

"으음, 한두 번요."

1년에 한두 번 올까 말까 한 손님을 위해 이불을 장만해놓았는데, 그 이불 때문에 옷장 문을 닫지 못한다면 과감히 버리는 것이 낫다. 버리고 나서야 제대로 옷장을 정리할 수 있다. 절대 이불을 버릴 수 없다면 다른 보관 장소를 찾아야 한다.

그러고 나서 매일 사용하는 이불은 옷장 가운데에 수납하고 계절이 지난 이불은 위쪽에 수납하면 된다. 사실 굉장히 단순하고 누구나 쉽게 생각할 수 있는 방법이다. 하지만 모르는 것과 아는 것의 차이가 크듯이 아는 것과 실천하는 것의 차이 또한 매우 크다.

옷장이나 냉장고, 주방 등을 잘 정리해놓으면 공간을 넓게 쓰는 것은 물론이고 생활이 편리해진다. 자주 사용하는 물건을 잘 정리해두었다면 이미 정리의 절반은 성공한 것이다. 정리의 핵심인 핑거존의 법칙을 잘 이해하고 정리해보자.

06

Storage method

공간은 80퍼센트만 채워라

수납 공간이 부족하다 보니 우리는 꽉 채우려는 습성을 보인다. 이렇게 공간을 꽉 채우는 이유 중 하나는 빈 공간이 있으면 손해라는 심리 때문이다. 사람도 빈틈이 없으면 답답하듯이 공간 역시 물건으로 꽉 채워져 있으면 보는 것만으로도 부담스럽고 답답할 수 있다. 물건도 숨을 쉰다고 생각한다면 물건이 숨을 쉴 수 있는 약간의 틈을 주는 것이 좋다.

나 역시 공간은 무조건 꽉 채워야 한다고 생각했었다. 그러다 보니 특히 책장은 숨 쉴 틈 없이 꽉 채워서 수납했다. 처음엔 책이 많아서 책 위에 책을 쌓는 방법으로 보관했는데 나중엔 쌓는 것만으로는 부족해 책 앞에 책을 쌓는 이중 수납 방법까지 동원했다. 그러나 갈수록 책장의 공간은 턱없이 부족해졌고, 결국 책장에 어떤 책이 있는지 몰라 있는 책을 또 사기도 했다. 도저히 책을 버릴 수 없는 독서가의 수집벽 때문이었다.

앞에서도 누차 강조했지만 이렇게 쌓아놓기만 하는 것은 제대로 된 수납법이 아니다. 필요 없는 책은 처분해서 어떤 책을 보관하고 있는지 일목

요연하게 살펴볼 수 있어야 하고, 새 책을 맞이할 공간을 마련해주어야 한다. 전혀 흥미가 없는데 욕심 때문에 보관만 하던 책은 과감히 버리고, 경제, 경영, 소설, 수필, 자기계발 등으로 분류하여 수납했다. 그러자 꽉 들어찼던 책장에도 여유가 생겼고, 이제는 책장의 일정 부분은 늘 빈 공간으로 남겨놓는다. 새 책이 들어올 자리를 마련해놓는 것이다. 빈 공간에는 책 표지가 보이게 정리해 인테리어 효과를 주기도 한다.

냉장고 역시 물건을 꽉 채워 넣지 않는다. 냉장고 안에서 냉기가 잘 전달되게 하기 위해서는 빈 공간이 필요하다. 특히 문을 열었을 때 냉장고 불빛이 보이도록 해야 한다. 냉장고 문을 열었을 때 불빛이 안 보인다는 것은 냉장고 안에 물건이 꽉 차 있다는 얘기다. 단, 냉동실은 냉기를 전달하는 냉매가 필요하므로 물건끼리 맞닿을 수 있도록 공간을 꽉 채워야 한다. 마땅히 넣어둘 만한 물건이 없을 때는 생수병에 물을 가득 채워 넣는 것도 좋은 방법이다.

공간을 다 채우지 않고 80퍼센트 정도만 채우는 것을 '총량 규제의 법칙'이라고 한다. 공간을 다 채우지 않고 여유 공간을 두어야 다른 물건을 수납할 일이 생겼을 때 바로 수납할 수 있다. 물건이 꽉 채워진 상태에서 새로운 물건이 들어오면 빈틈을 찾아서 끼워 넣듯이 수납하기 일쑤다. 이렇게 되면 애써 정리한 공간들도 원상태로 돌아가게 되므로 꽉 차지 않도록 공간을 미리 비워두고, 절대로 목적 외 공간에 종류가 다른 물건을 두지 않는 것이 중요하다.

앞서 이야기했듯 '물건이 들어온 만큼 있는 물건을 치워야 한다'는 말을 상기하기 바란다. 우리 몸도 먹은 만큼 배출하고 새로운 음식을 받아들이듯, 공간 역시 마찬가지다. 그러니 물건을 구입할 때 이 물건이 있어야 할 공간을 떠올려보고, 꽉 차 있다면 먼저 정리를 해야 한다. 또한 물건을 들여오기 전에 이 물건이 내게 꼭 필요한지 한 번 더 따져보는 습관을 기르는 것이 좋다.

처음에는 어렵고 힘들지만 익숙해지면 그리 어려운 일은 아니다. 다시 말하지만 공간은 80퍼센트 정도만 채우자. '총량 규제의 법칙'은 단순히 들어온 물건만큼 있는 물건을 치우는 게 아니라 물건을 구입할 때 내게 진짜 필요한지, 어느 공간에 두어야 할지 생각하라는 의미를 담고 있다. 그 과정을 거치면서 정리는 좋은 습관이 될 것이다.

정리의 마무리는 라벨링하기

얼마 전 고객의 베란다를 정리하던 중 4인 가족의 스키 장갑이 들어 있는 박스를 발견했다. 자주 사용하지는 않지만 겨울철마다 사용하는 것을 고려해 박스를 어디에 두는 것이 좋을지 고객에게 물었다.

"겨울에 스키 타는 게 취미이신가 봐요. 그렇다면 베란다 수납장 가장 위쪽에 두는 게 찾기 쉬우실 거예요."

그 말에 고객이 깜짝 놀라며 '그게 왜 거기 있느냐'는 표정을 지었다. 이유인즉, 지난겨울에 스키 장비를 챙기다가 스키 장갑을 찾지 못해 난감했다는 것이다. 베란다에 있는 박스를 다 뒤졌지만 장갑을 찾지 못해 결국 스키장을 못 갔다는 고객은 그때만 생각하면 짜증이 난다고 했다.

"스키 장갑 하나 간수 못 한다고 남편한테 얼마나 구박받았는지 몰라요."

박스 겉면에 무엇이 들어 있는지 라벨링해놓았다면 이런 문제는 생기지 않았을 것이다. 몇 센티미터 안 되는 라벨지가 큰 위력을 발휘한다.

고객의 투정 섞인 말투와 표정을 보면서 '스키 장갑'이라고 쓴 라벨지를 박스 앞면에 붙인 뒤 박스를 베란다 수납장 가장 위쪽에 올려놓았다. 그런 다음 스키 장갑을 사용하고 이 자리에 놓으면 다시는 잊어버릴 일은 없을 거라는 말을 덧붙였다.

거듭 말하지만 나는 강의할 때마다 꼭 강조한다.

"눈에 보이지 않는 물건은 없는 물건입니다."

박스나 수납함에 물건을 정리해서 포장해놓으면 잠시 동안은 그 박스(수납함)에 무엇이 들었는지 기억하겠지만 시간이 지나거나 보관하는 박스가 늘어날 경우 라벨링을 안 하면 박스 안에 무엇이 들었는지 알 수 없다.

단언하건대 라벨링은 정리의 마지막 단계다. 라벨링을 제대로 해야 완벽하게 마무리한 것이다. 물론, 어떤 물건이 있는지 눈으로 확인할 수 있다면 굳이 라벨링을 할 필요는 없다. 라벨링을 하는 몇 가지 노하우를 소개한다.

❶ 라벨링을 할 때는 라벨지에 꽉 차도록 글씨를 쓴다. 라벨 용지의 한가운데 조그만 글씨로 쓰면 가독성이 떨어져 단번에 확인하기 어렵다.

❷ 짧고 간결하게 쓴다. '컵'이라고 한글로 쓰면 되는데 굳이 영어로 'CUP'이라고 길게 쓸 필요는 없다.

❸ 물건의 이름을 정확하게 표기한다. 예를 들어 '문구류'나 '필기구'라고 표기하기보다 '볼펜'이라고 명확히 표기한다.

❹ 라벨링하는 위치를 통일한다. 여러 개의 박스에 라벨링을 하는데 어

떤 박스는 왼쪽 상단에 라벨링을 하고, 어떤 박스는 오른쪽 상단에 라벨링을 하면 복잡해진다. 모든 박스의 왼쪽 상단에 라벨링을 하는 식으로 위치를 통일한다.

❺ 흰색 라벨지보다 크라프트지를 사용하면 색감이 좋다.

❻ 물건에 맞는 라벨지를 사용한다. 예를 들어 냉장고 안에 있는 물건을 라벨링할 때는 반창고를 활용한다. 냉장고 안은 냉기로 인해 물기가 생겨 일반 라벨지를 사용하면 글씨가 번지기 때문이다.

❼ 글씨를 못 읽는 미취학 어린아이의 물건에 라벨링을 할 때는 글씨를 쓰는 것보다 사진을 붙인다.

❽ 라벨기를 이용하여 라벨지를 붙이는 것도 좋은 방법이다. 붙였다 떼어내도 자국이 남지 않는다.

이상의 여덟 가지 노하우를 활용해 효과적으로 라벨링을 하고 깔끔하게 물건 정리를 마무리하기 바란다.

08
Storage method

구입한 물건의 박스는
바로 뜯어서 확인하고 수납한다

평소보다 조금 일찍 퇴근하여 집에서 쉬고 있는데 갑자기 아내가 빨갛게 상기된 모습으로 헐레벌떡 들어와 말했다.

"여보, 이거 줄을 조금만 늦게 섰더라면 하마터면 못 살 뻔했어."

유명 브랜드 접시 세트를 50퍼센트 할인한다고 해서 간신히 산 모양이었다.

나는 그렇게 어렵사리 구입한 접시 세트의 박스를 언제 개봉할지 지켜보기로 했다. 접시 세트 박스는 3개월간 신발장 위에 있더니 4개월째 되면서 베란다로 옮겨지고, 6개월이 지났음에도 여전히 개봉되지 않았다.

고객 집을 방문하여 정리하다 보면 포장도 뜯지 않은 채 방치된 박스를 몇 개씩 발견하곤 한다. 호기심에 박스에 붙은 택배 스티커를 확인하면 1년, 2년 혹은 그 이상 지난 물건도 있다. 집집마다 이렇게 잠들어 있는 물건이 얼마나 많을지 상상하면 아찔해진다.

인터넷쇼핑몰이나 홈쇼핑에서 구입한 물건은 필요한 양만큼만 사는 경우가 드물다. 또한 택배비를 아끼기 위해 좀 더 많은 양을 구입하게 된다. 그렇게 배송된 택배 박스는 며칠간 거실에 머무르다가 베란다로 옮겨지고 그대로 방치되기 일쑤다. 박스째 그대로 보관되는 물건은 쉽게 잊힌다. 물건을 사용하지 않는 것도 문제지만 박스째 베란다에 쌓여 공간을 차지하고 있으면 그 모습이 흉물스럽기도 하다.

나는 1,000원짜리라도 필요한 물건은 인터넷쇼핑몰에서 구입하라고 권한다. 물건을 사기 위해 마트에 차를 몰고 가서 주차하고 물건을 구입해 돌아오는 과정 자체도 비용이라고 생각하기 때문이다. 택배비가 아깝다고 생각할 수도 있지만, 비용이나 시간을 고려하면 인터넷쇼핑몰에 지불하는 택배비는 결코 아까운 금액이 아니다.

택배비 2,500원을 허투루 생각하는 것처럼 보이겠지만, 붕어빵을 사 먹을 돈이 없어서 마음으로 울어본 기억이 있기 때문에 1,000원의 가치를 잘 알고 있다. 다만, 인터넷쇼핑몰에서 물건을 구입할 때 택배비 때문에 필요 이상으로 많이 구입하지 말아야 한다. 1,000원짜리 물건이 한 개 필요하면 그만큼만 구입하라는 이야기다.

그리고 택배로 배달된 물건은 바로 포장지를 뜯어서 제자리에 수납하자. 옷은 태그를 떼고 옷장에 잘 걸어두거나 접어서 수납하자. 다른 물건 역시 제자리에 둔다. 제자리에 두어야 필요할 때 바로 사용할 수 있다. 물건은 사용하기 위해 구입하는 것이지, 보관하기 위해 구입하는 것이 아님을 명심하자.

09
Storage method

내 물건부터 정리하라

물건을 정리하는 데 훼방을 가장 많이 놓는 사람은 바로 가족이다. 우리 집의 경우 식탁을 깔끔하게 치워놓아도 하루 이틀 지나면 잡동사니가 잔뜩 올라온다. 아이들이 배달시켜 먹고 남은 통닭이나 피자를 박스째 식탁 위에 그대로 두기도 한다. 사실 그 정도는 애교 수준이다. 아내가 사 온 10킬로그램짜리 쌀 봉투가 식탁 위에 있는 것을 보고는 '내 아내이지만 참 대단하다'고 생각한 적이 있다.

아이들이나 아내는 그런 것들이 식탁 위에 쌓여 있어도 아무렇지 않은 것 같다. 물건들을 식탁 한쪽으로 쓱 밀어놓고 식사도 잘한다. 참 신기하다. 나는 식탁에 그런 것들이 놓여 있으면 밥이 목구멍으로 넘어가지 않는다. 넓지도 않은 식탁에 10킬로그램짜리 쌀 봉투가 올라가 있는데 어떻게 밥을 먹을 수 있는가! 결국 내가 직접 쌀은 베란다로 옮겨놓고, 남아 있는 통닭은 정리하여 분리배출까지 마치고 나서야 마음 편히 식사할 수 있었다.

그런데 이런 일이 지속적으로 반복되니 문제다. 그래서 나는 이런 결론을 내렸다.

'일단 가족이 모두 사용하는 공간은 놔두고 우선 내 공간부터 정리하고 신경 써야겠구나.'

가족에 대한 서운함, 약간의 반항심에서 정리를 시작했다. 내가 움직이지 않으면 정리할 생각조차 하지 않는 무신경한 가족들에게 정리가 얼마나 중요한 일인지 깨닫게 해주고 싶었다. 그 후로 내가 사용하는 옷장과 책상 등만 신경 써서 정리하고 나머지는 조금 무신경하게 두었다. 욕실 정도만 세면대 위의 물건을 치우고 매일 사용하는 비누와 샴푸, 보디 샴푸를 한 바구니에 담아두고 벽면 밑에는 수건걸이를 부착해서 그곳에 욕실화 두 켤레를 걸어두었다.

욕실 벽면에 욕실화가 걸려 있어서 잘 건조되었고, 세면대 위가 깔끔하게 치워져 있어서 가족 모두가 좋아했다. 그렇게 한두 달이 지나자 신기하게도 식탁 위의 물건들이 줄어들었다. 예전처럼 식탁 위에 물건 좀 두지 말라고 얘기한 것도 아닌데 말이다. 물론 신경 쓰지 않았다고 했지만 스스로 정리할 수 있도록 그 환경을 만들어준 것은 사실이다. 우리 가족들은 성향상 정리하라고 백번 이야기해도 귓등으로도 안 듣고 어질러서 그동안 내 머리만 아팠는데, 이런 변화가 무척 신기했다.

많은 주부가 아이들 방이나 남편의 공간을 정리했다가 뒷말을 듣는 경우가 더러 있다. 자기 딴에는 신경 써서 정리한 것인데 "내 물건에 왜 함부로 손대!"냐며 도리어 핀잔을 듣는다. 이럴 때에는 남편의 물건이나 아이들 방, 공용으로 사용하는 공간은 나중에 정리하고 먼저 자기 공간부터 정리하는 지혜가 필요하다. 내 경우를 봐도 그렇듯 정리 좀 하라고 큰소리친다고 정리가 되는 것도 아니고, 내가 답답해서 치워준다 한들 좋은 소리를 듣기 어려운 것이 사실이다.

그렇다면 자신이 사용하는 공간을 먼저 정리하고, 가족과 공동으로 사용하는 공간을 천천히 정리해보는 것은 어떨까. 내 책상과 옷장이 말끔하게 정리되어 있으니 가족들도 내 물건을 함부로 다루지 않고 자신의 공간과 비교하는 것 같았다. 가족들이 내가 정리하는 모습을 보거나 정리된 공간을 본다면 정리 좀 하라고 잔소리하지 않아도 자연스럽게 정리에 동참할 것이다.

10

Storage method

1+1은 생활에 마이너스, 꼭 필요한 물건만 사라

아주 오래전 얘기다. 친한 친구가 자동차를 무이자 할부로 샀다면서 굉장히 좋아했다.

"야, 나 돈 벌었다."

자동차를 무이자 할부로 샀으니 36개월 동안 이자로 내는 돈을 벌었다는 얘기였다. 친구는 휴대전화 계산기로 36개월 동안의 이자를 계산하며 자랑스러워했다.

차가 필요한 상황에서 무이자 할부로 차를 구입했다면 돈을 번 게 맞다. 하지만 친구의 직장은 지하철로 세 정거장밖에 되지 않고, 업무상 차가 필요하지도 않았다.

친구가 차를 구입한 가장 큰 이유는 '그냥' 차를 소유하고 싶었던 욕심에 무이자 할부로 차를 살 기회를 놓치고 싶지 않았기 때문이다. 원하던 차를 사서 좋기는 하겠지만 샐러리맨이 36개월 동안 할부금을 내는 것이 결코 쉬운 일은 아니다.

친구는 새 차를 구입하고 몇 달간은 들떠 보였다. 그러나 시간이 지날수록 그 기쁨은 먼지처럼 사라졌다.

"요즘은 차를 팔아버렸으면 좋겠어. 그런데 할부가 많이 남아서 팔기도 어렵네."

결국 친구는 얼마 못 가 큰 손해를 보고 차를 팔았다. 구입하는 사람이 할부를 떠안는 조건이었다.

"처음엔 좋았는데 왠지 맞지 않는 옷을 입고 다니는 기분이더라."

친구는 큰 손해를 보기는 했지만 오히려 마음은 편해졌다고 했다. 기름 값 걱정, 주차 걱정, 차량관리 걱정을 안 해도 되니 말이다.

나는 친구에게 "다음에 돈 벌면 더 좋은 차를 사라"고 웃으며 말했다.

이처럼 물건을 사는 것은 단순히 거기서 끝나는 것이 아니다. 물건을 두어야 하는 장소, 그 물건의 쓰임새, 나에게 꼭 필요한 물건인지 등을 고려해야 한다. 또한 자신의 주머니 사정에 맞는지 더욱 신중히 따져야 한다.

무이자 할부의 유혹에 넘어갔다가 값비싼 수업료를 지불한 친구처럼 비싼 물건일수록 구입에 신중해야 한다. 자동차 같은 경우는 단순히 구입만으로 끝나는 것이 아니라 계속 유지비가 들기 때문이다. 차뿐 아니라 집에서 사용하는 가전제품도 마찬가지다.

물건을 사러 마트에 갔다가 예상치 못하게 사게 되는 물건이 있다. 바로 1+1(원 플러스 원) 행사 물건이다. 당장 필요하지 않은데도 1+1이니 일단 사놓으면 이득이라는 생각이 들어 홀린 듯이 사게 된다. 하나 가격에 두 개를 주니 좋기는 하지만 그렇게 구입한 물건은 사용하지 않고 자리만 차지하는 경우가 많다. 그런 물건이 쌓이고 쌓이면 공간을 많이 차지하고, 결국 물건이 공간의 주인 노릇을 하게 된다.

'적자생존'이라는 말이 있다. 적는 자만이 살아남는다는 말이다. 이 말은 물건을 사러 마트에 갈 때도 적용된다. 필요한 물건을 메모해서 물건을 구입하면 '1+1' 같은 행사의 유혹에서 벗어나는 데 크게 도움이 된다. 필요한 물건인데 1+1 행사를 하고 있다면 당연히 사야겠지만 그런 행사를 하는 물건 중 자신에게 필요한 것은 거의 없다.

그런 의미에서 1+1은 생활에 마이너스가 될 수 있다. 게다가 사놓은 물건이 공간까지 차지하니 1-1(원 마이너스 원)이 될 수도 있다.

유지하지 못하는 정리는
의미가 없다

정리하고 나서 유지를 잘해야 진정한 의미의 정리라고 할 수 있다. 사람은 물건을 사용하지 않고는 살아갈 수 없다. 사람은 음식을 먹어야 하고, 옷을 입어야 하고, 잠을 자야 한다. 그러기 위해서는 늘 무엇인가를 이용해야 한다.

공자는 "한 사람이 어떤 사람인가를 알려면 그가 교우하는 친구들을 보고, 한 임금이 어떤 임금인가를 알려면 그가 등용하는 신하들을 보라"고 했다. 공자의 말을 응용해서 '그 사람이 어떤 사람인가를 알려면 그 사람의 물건을 보라'고 말하고 싶다.

사람은 살아가는 동안 물건에 둘러싸여 살고 자신이 소유한 물건을 통해 자신을 알리고 존재감을 드러내기도 한다. 자신의 물건이 하잘것없는 경우 자기 자신을 하잘것없는 존재로 여기기도 한다. 그래서 사람들은 경제활동을 통해 남들보다 좀 더 많은 것을 가지려고 한다. 또한 자신이 가지고 있는 것을 좀 더 좋은 것, 화려하고 비싼 것으로 만들려고 애쓴다.

　사람은 죽어서조차 장례를 치르며 어떤 공간에 시신을 묻거나 유골을 보관한다. 결국 사람은 살아서도 죽어서도 물건을 떠나서는 살 수 없는 존재다. 그렇기 때문에 더더욱 살아 있는 동안에 물건을 정리하면서 살아야 한다고 말하고 싶다.

　우리는 살면서 늘 물건을 사용해야 하기 때문에 정리는 끝이 없고 항상 진행형이다. 그렇기에 정리는 유지할 수 있게 해야 한다. 거창한 이야기 같지만 어려운 일이 아니다. 앞서 이야기했듯이 같은 종류의 물건을 끼리끼리 분류해서 한 바구니에 담고, 라벨링을 하는 것이다. 그럼 물건을 바로 꺼내서 사용할 수 있고, 사용 후에는 바구니에 담아 제자리에 두면 된다.

　바구니는 그 공간에 맞는 크기나 모양을 고려해서 구비한다. 그리고 같은 공간에서는 바구니의 크기나 모양을 통일하면 보기에도 좋고 사용도 편리하다. 물건에 각자 집을 만들어주는 작업이라고도 할 수 있다.

　얼마 전 고객의 집에 견적을 내러 갔다. 놀랍게도 현관 입구부터 물건이 탑처럼 쌓여 있었다. 탑 사이로 간신히 지나다닐 만한 좁은 길이 있었다. 그런데 주방과 냉장고를 보니 어지럽게 널려 있는 물건 사이로 바구니에 가지런히 담긴 식품들이 보였다.

　"이렇게 바구니에 식품을 담아서 보관하신 걸 보니 정리수납을 배우신 것 같은데요, 그렇죠?"

　고객은 정리수납 강의를 듣고 처음에는 의욕적으로 정리를 했다고 한다. 그런데 며칠이 지나면 어질러진 상태로 돌아가고 다시 정리를 하면 며칠 지나지 않아서 또다시 원상태로 돌아간다고 했다. 그러기를 반복하다 보니 이제는 지쳐서 포기했다고 한다.

무기력증이 있어서 한번 누워 있으면 계속 누워 있는 일이 많고, 무기력증이 심해지면서 우울증까지 생겨 병원에 다닌다고 했다. 사연을 듣고 있자니 안타까운 마음이 들었다.

팀원 모두가 현관문과 거실에 탑처럼 쌓인 물건 중 버려야 할 물건을 배출했다. 이후 집 안 전체를 영역별로 나누고 팀원을 배치해 정리했다. 쉽지 않은 작업이었지만 정리가 끝나자 고객은 거실과 옷장 등을 살펴보며 마치 자신에게 마법 같은 일이 일어났다며 반색했다.

"이제 물건을 제자리에 두기만 하면 되겠네요."

고객이 환하게 웃었다. 이런 얘기를 하는 고객은 처음 보았다. 이 고객은 정리수납을 배운 적이 있기에 정리된 후의 모습을 보고 이제는 물건을 제자리에 두면 되겠다는 생각을 한 것 같다. 그 말투에는 집 안이 정리되었다는 안도감과 앞으로 정리해놓은 걸 잘 유지할 수 있다는 자신감이 보였다.

제대로 유지될 수 있도록 정리하는 것은 너무 당연한 일이다. 큰맘 먹고 죽어라 정리했는데 며칠 지나지 않아 어질러진 원상태로 돌아간다면 무척 허탈할 것이다. 정리한 후에 정리를 유지하는 것이 진정한 정리다. 정리된 공간이 얼마 지나지 않아 다시 어질러지는 일이 되풀이된다면 정리는 몹시 힘들고 고될 것이다.

앞서 얘기한 대로 겹치기 수납이 아닌 '세로 수납'을 한다든지, 꺼낼 때 두 번 손이 가지 않게 한다든지, 자주 사용하는 물건은 손이 닿는 곳에 수납한다든지 등의 방법은 물건을 편리하게 사용하기 위함이지만 궁극적으로는 그 편리함을 오랫동안 유지하기 위한 노력이자 방법이다.

정리수납은 생활의 습관이다. 자신의 습관을 변화시키기 위해서는 생각을 바꾸고, 반복적으로 정리라는 행동을 해야 한다. 그 습관이 인생을 변화시킬 수 있다고 나는 믿는다. 생활에서 정리를 습관화하고 정리된 것을 유지하려는 노력을 계속 해나가야 한다. 정리된 것을 유지하는 것도 정리인 셈이다.

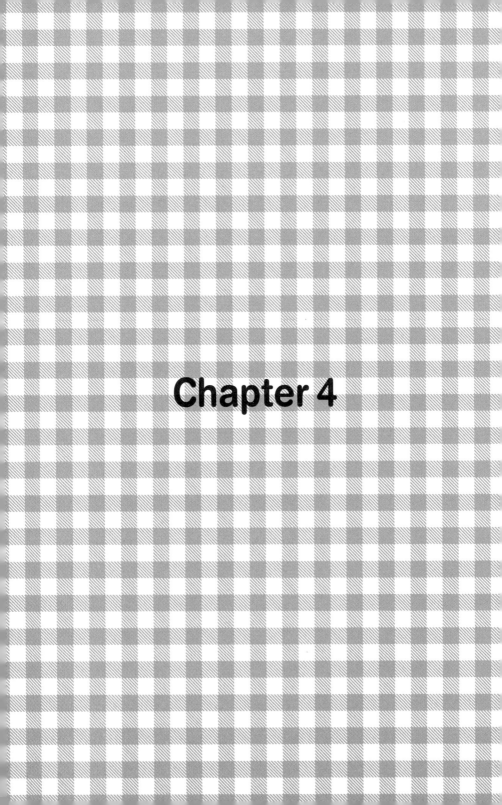

Chapter 4

공간별 심플한 정리

: 즐겁고 행복한 공간으로 만들기

안방
: 포근하고 아늑한 공간

60대 초반 여성의 집에 정리 컨설팅을 간 적이 있다. 집 안 전체를 둘러보며 견적을 내다가 안방 문을 열고 방에 들어서는 순간 깜짝 놀랐다. 옷장에 있어야 할 옷이 옷장 손잡이에 잔뜩 걸려 있었기 때문이다. '옷장 손잡이에 옷을 걸어놓는 게 무슨 문제람' 할 수도 있지만, 고객의 옷장 손잡이에 걸려 있는 옷의 양이 옷장에 있는 양과 비슷할 정도로 많은 게 문제였다. 지금 생각해봐도 어떻게 옷장 손잡이가 그 많은 옷의 무게를 견뎠는지 신기할 지경이다.

옷장 외에도 안방은 공장 창고라도 되는 것처럼 이런저런 물건이 쌓여 있었다. 32평 정도의 아파트였는데, 정리 컨설팅을 하면서 가장 많은 시간을 안방에 할애한 사례다. 침대가 안방 문 가까이에 있어서 문을 여는 게 힘들어 침대의 위치를 바꾸어주고, 옷장 손잡이에 걸려 있던 옷 중에서 버릴 건 버리고 정리했다. 이때 옷을 얼마나 많이 버렸는지 100리터짜리 쓰레기봉투를 꽤 많이 사용했다. 고객은 안방에 들어오면 심란하고 잠도 오

옷장 정리 전

옷장 정리 후

지 않아 주로 거실에서 생활했는데 이제 안방 침대에서 잠들 수 있다고 생각하니 무척 기쁘다고 했다.

집 안에서 제일 포근하고 아늑한 공간이 되어야 할 안방을 제대로 정리하지 못해 창고처럼 사용하는 사람이 은근히 많다. 왜냐하면 의외로 물건이 많이 모여 있기 때문이다. 부부가 함께 사용하는 공간이고 거실을 제외하면 집에서 제일 넓은 공간인 안방에는 기본적으로 큰 옷장과 침대, 화장대가 있고, TV까지 있어 잘 정리하지 않으면 복잡해 보인다.

특히 옷장 공간이 부족하거나 잠시 옷을 보관하겠다고 옷장 옆에 스탠드형 옷걸이를 설치해 사용하는 경우가 많은데, 백이면 백 스탠드형 옷걸이는 '옷 무덤'이라고 표현할 정도로 많은 옷이 걸려 있다. 안방을 아무리 잘 정리해도 스탠드형 옷걸이가 정리되지 않으면 안방에 들어설 때 답답한 느낌이 들고, 시각적으로도 좋지 않다. 그런 이유로 웬만하면 스탠드형 옷걸이는 버리는 것을 권한다. 스탠드형 옷걸이는 옷을 바로 입을 수 있게 잠시 걸어두는 용도인데 시간이 흐를수록 그냥 옷걸이처럼 사용하는 게 문제다. 스탠드형 옷걸이가 눈에 보이면 자꾸 옷을 걸게 되고 점점 옷이 쌓이게 마련이므로 과감히 없애자. 남은 옷은 옷장에 바로 걸어 보관하면 된다.

안방은 쉴 수 있는 아늑한 공간으로 만들어야 한다. 그런데 요즘 고객들의 안방은, TV를 놓을 수 있도록 TV 선반을 설치하거나 침대에 누워 TV를 시청할 수 있도록 벽걸이형 TV를 설치한 경우가 많다. 침대에 누워 TV를 보는 것이 인생의 유일한 낙이라면 어쩔 수 없지만, 안방에서 TV를 보는 것은 권하지 않는다. 안방에 TV가 있으면 잠자리에서조차 부부 사이의 대화가 사라지게 마련이다. TV를 보다 잠드는 것은 바람직하지 않다고 생각한다.

나는 아내와 상의해서 안방에 TV를 놓지 않기로 결정했다. 그 결과 잠자리에 누워 잠들 때까지 허심탄회하게 많은 이야기를 나눌 수 있게 되었다. 더불어 가족과 더 많은 대화를 나누기 위해 거실 TV도 없앴다. TV를 없앤 지 벌써 20년이 되어간다. 처음에는 TV 없이 어떻게 사나 걱정했지만 TV가 없으니 자연스럽게 가족끼리 대화를 나누고, 책을 보는 등 분위기는 훨씬 더 좋아졌다.

거실
: 가족이 함께 사용하는 공간

거실은 가족이 공용으로 사용하는 공간이어서 여러 물건이 공존한다. 그러므로 좀 더 세심한 정리가 필요하다. 가족이 함께 사용하는 손톱깎이나 TV 리모컨 같은 물건은 어디에 보관하는지 가족 모두에게 알려주어야 한다. 더불어 가족에게 쓰고 나서는 제자리에 둘 것을 부탁해야 한다. 물건을 사용하고 제자리에 둘 수 있도록 그 물건의 자리를 확실히 만들어주어야 한다.

정리 컨설팅을 하다 보면 거실에서 가장 많이 보게 되는 것이 전자제품 사용 설명서다. 쓰지 않는 제품의 사용 설명서, 버려진 제품의 사용 설명서까지 종류도 많다.

"고객님, 이건 물건이 없는데 사용 설명서가 있네요."

이런 말을 하면 고객이 겸연쩍게 웃는다. 진작에 버렸어야 할 사용 설명서다. 요즘에는 인터넷으로 검색해 제조사에 들어가서 사용 설명서를 보거나 내려받아 볼 수 있다. 제품이 고장 나거나 문제가 생겼을 때는 A/S센터에

사용 설명서를 케이스에 넣은 모습

전화해서 문의할 수도 있다.

오래된 사용 설명서나 제품이 없는 사용 설명서는 버리고 필요한 사용 설명서는 위 사진처럼 작은 박스나 케이스에 담아서 서랍에 수납한다.

정리 외중에 간혹 실수하는 것 중 하나가 제품 사용 설명서는 보관하면서 영수증은 확인도 하지 않고 버리는 것이다. 구입한 지 얼마 안 된 제품 영수증은 반품이나 교환, 또는 제품에 문제가 생겼을 때를 대비해 잘 보관해야 한다. 특히 고가의 제품은 더욱 주의를 요한다. 이런 물건의 영수증을 제외하고 모든 영수증은 버리는 것을 원칙으로 한다.

카드 명세서도 마찬가지다. 영수증이나 카드 명세서를 마치 훈장처럼 모아두는 사람이 있다. 명세서의 내용을 확인하는 것 이상의 의미는 없다. 요즘은 카드로 결제하면 바로 문자메시지로 카드 사용 내역을 알려준다. 카드 명세서는 회사에서 영수증 처리를 위해 필요한 경우가 아니라면 보관할 필요가 없다. 회사 업무나 공적으로 카드 명세서를 처리할 필요가 있을 때는 즉시 처리해서 집에 두지 않도록 한다.

다 쓴 통장을 그대로 보관하는 경우도 많다. 한마디로 말하면 다 쓴 통장은 돈이 아니다. 그냥 버리는 게 좋다. 그래도 보관하고 싶다면 적당한 크기의 지퍼백에 담아서 보관하자. 통장도 필요 없는 통장을 없애고 한두 개로 정리하는 게 돈 관리에 도움이 된다.

거실을 정리하다 보면 다량의 약과 건강기능식품이 나오는 경우가 있다. 이것들은 대개 유효기간이 지나 있다.

"고객님, 이 약은 유효기간이 지나서 버려야겠습니다."

이렇게 말하면 유효기간이 얼마나 지났는지 따져보고 얼마 지나지 않았으면 먹겠다면서 보관해달라고 요청하는 고객도 있다. 하지만 유효기간이 지난 약은 식품과 마찬가지로 버려야 한다.

약은 신경 써서 관리하지 않으면 유효기간을 놓쳐버리기 일쑤다. 약품을 수납하기 전에 먼저 유효기간을 확인해서 기간이 지난 약품은 버리자. 폐의약품을 휴지통이나 화장실에 버리는 사람들이 있는데, 유효기간이 지난 의약품을 함부로 버리면 약에 있는 여러 항생제 성분이 하천과 토양으로 흘러들어가 환경을 오염시킨다. 약에 오염된 하천은 바이러스의 내성을 강화시켜 식수로 마실 경우 우리의 건강을 해칠 수 있다. 따라서 폐의약품은 잘 모아두었다가 약국에 갖다주도록 한다.

의약품을 보관할 땐 박스 위의 뚜껑을 오려내고 적당한 크기의 수납함이나 박스에 세로 수납을 한다. 서랍에 들어가야 하니 박스는 되도록 높이가 낮고 작은 것이 좋다. 이렇게 하면 약품을 꺼낼 때도 수월하고 남은 약품의 상태도 한눈에 파악할 수 있다. 약품 설명서는 버리지 말고 잘 접어

거실 수납

품목별 정리

약품 박스의 뚜껑을 오려서 세로로 보관한 모습

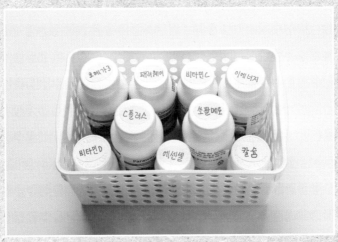

건강기능식품통에 라벨링을 한 모습

서 박스에 함께 보관한다.

건강기능식품도 약품과 마찬가지로 유효기간을 확인하고 기간이 지난 것은 버리자. 그리고 유효기간이 잘 보이도록 통에 적어두자. 구입한 날짜와 복용 가능한 날짜를 통에 적어두는 것도 방법이다. 통에 유효기간을 적어두면 날짜를 확인하기 쉽고 기간 내에 먹을 수 있다.

주의할 점은, 집에 어린아이가 있는 경우 의약품과 건강기능식품 등 아이에게 위험한 물건은 거실 서랍에 보관하지 않도록 한다. 보통 거실 서랍은 TV 서랍장을 사용하는데, 높이가 낮아서 어린아이가 무심코 서랍을 열어 약품을 복용할 수 있다. 집에 어린아이가 있으면 거실이 아닌 주방의 상단 서랍에 의약품과 건강기능식품을 보관하자.

정리 컨설팅을 위해 고객의 집에 방문하면 백이면 백, 거실의 TV 서랍장 위에 갖가지 물건을 올려놓는다. 가능한 한 TV 서랍장 위에는 아무것도 두지 않는 게 좋다. 상식적으로 생각해보아도 TV 옆에 물건이 있으면 TV를 보는 데 방해를 받게 마련이다. 가족들이 오가는 거실의 경우 먼지가 잘 쌓이므로 TV 서랍장 위에 아무것도 올려놓지 않는 것이 청소에도 용이하다.

리모컨은 자리를 정해놓지 않고 아무 데나 놓으면 한참 찾아야 하고, 간혹 소파 뒤쪽이나 밑으로 빠지는 불상사가 생기기도 한다. 서랍 한쪽에 리모컨 자리를 정해서 항상 그 자리에 두면 리모컨을 찾아 헤매는 일을 방지할 수 있다. 모든 물건에 제집을 만들어주는 것이 정리의 기본임을 명심하자.

TV 서랍장을 정리할 때는 칸막이 보드를 사용하거나 박스를 이용하여 구획을 나누고 물건을 수납하는 것이 좋다. 구획을 나누어서 종류별로 물건에 제집을 만들어주는 것이다. 칸막이를 나누어주는 제품은 크기가 다양하다. 서랍장 크기와 높이에 맞는 것을 구매하여 사용하자.

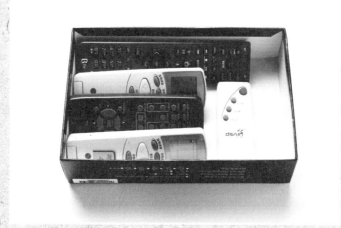

리모컨을 수납한 모습

서랍에 구획을 나누어 수납한 모습

아이 방
: 아이의 미래가 있는 곳

저학년 아이의 방

정리 컨설팅을 위해 고객 집을 방문해 아이 방에 들어가면 절로 한숨이 나올 때가 있다. 방 안이 마치 창고처럼 잡다한 물건이 쌓여 있는가 하면 아이 방의 가구, 특히 책상 위 내용을 보면 아이는 중학생인데 초등학교 저학년용 책상을 그대로 사용하는 경우를 종종 보기 때문이다.

아이가 사용하는 가구는 아이의 성장 발달에 맞춰 바꿔줄 필요가 있다. 그렇기에 값비싼 걸로 살 필요는 없다. 특히 책상의 경우 중·고등학생이 초등학생의 책상을 쓰면 지나치게 고개를 숙이거나 허리를 숙여야 해서 척추측만증이나 거북이 목의 원인이 된다. 나쁜 자세는 시력 저하의 원인이 되므로 책상과 의자를 성장 발달에 맞추어 바꿔주거나 아이가 성장할 것을 고려해 좀 더 큰 책상과 의자를 사줄 것을 권한다.

요즘 장난감은 종류도 많고 크기도 제각각이어서 정리하는 일이 만만치 않다. 장난감은 특히 한군데 모아놓고 수납하는 경우는 거의 없다. 집 안 여기저기에서 아이들이 장난감을 가지고 놀다가 그 자리에 그냥 두기 때문이다. 그럴수록 장난감 정리는 중요하다. 장난감은 단순한 놀이 도구라고 생각할 수도 있지만 '아이의 세상'이기도 하다. 장난감 수납장은 4~5단으로 된 서랍식을 추천한다. 맨 아래쪽 서랍에는 무거운 장난감을, 가운데 서랍에는 아이가 자주 가지고 노는 장난감을, 맨 위쪽에는 보관용이나 가끔 사용하는 장난감을 수납한다. 그리고 라벨링을 한다. 아직 아이가 한글을 읽지 못하면 사진을 붙여 라벨링하면 된다.

　장난감 정리 주머니인 플링백에 장난감을 수납하면 아이가 놀 때 풀었다가 놀이가 끝난 후 그대로 묶어 보관할 수 있어서 매우 편하다. 또한 집안 한쪽에 장난감 코너를 만들어 아이의 장난감을 수납해놓으면 아이가 그 자리에서 장난감을 가지고 놀다가 정리하는 습관이 생길 수 있다. 또 아이에게 자신만의 공간을 만들어줌으로써 아이의 자립심을 키우는 데 도움이 된다.

　아이 방은 아이의 미래가 있는 곳이다. 아이 방을 창고처럼 사용한다면 아이는 자신만의 공간에서 꿈을 키워나갈 기회를 박탈당할 것이다. 아직 어려서 엄마와 함께 자더라도 아이가 놀 때는 자기 방에서 놀 수 있도록 아이 방을 제대로 꾸며주는 게 좋다.

　침대는 창문 쪽으로 가로 배치를 하는 게 좋고, 누웠을 때 발이 문 쪽에 있는 게 좋다. 그리고 침대 옆으로 책상과 책장을 놓는다. 책상은 앉았을 때 문이 보이게 하는 배치하는 것이 가장 좋다. 구조상 그렇게 배치하기 어렵다면 열리는 문이 앉은 자리에서 옆쪽으로 가게 한다. 책상에 앉은 자리에서 열리는 문이 등 뒤에 있는 것은 심리적으로 뒤쪽에 신경이 쓰여 집중하는 데 방해된다. 책꽂이에는 학교 공부와 관련된 책을 꽂아둔다. 책상 위 그리고 책장에는 아이의 장난감이라든가 인형 같은 물건을 두지 않는다. 당연히 공부에 방해되기 때문이다. 공부를 하다가 장난감이나 인형, 동화책 같은 물건에 아이의 시선이 가면 장난감을 가지고 놀거나 동화책을 읽고 싶어지게 된다. 공부하다가 딴짓한다고 나무라기보다는 집중할 수 있는 환경을 마련해주자. 아이 방의 벽지는 안정적인 분위기를 위해 차분한 색상이 좋다.

무엇보다 중요한 것은 아이 방을 정리할 때는 엄마가 아니라 아이 마음에 들게 아이의 의견을 반영해서 정리해야 한다는 것이다. 물론, 아이의 바람대로만 정리할 수는 없다. 엄마가 나를 위해서 정리한다는 생각이 들도록 아이와 소통하면서 정리하는 것이 중요하다.

중·고등학생의 방

아이가 중·고등학생이어도 아이의 책상은 엄마가 먼저 정리해주어야 한다는 사실을 강조하고 싶다. 중·고등학생 아이들은 덩치로는 다 큰 어른 같지만 자신의 일을 완벽하게 처리할 만한 어른이 된 것은 아니다. 그러므로 엄마가 대강 책상을 정리해준 다음에 아이들이 정리된 모습을 따라 할 수 있게 하고, 청결한 상태를 유지할 수 있도록 도와주어야 한다.

아이가 스스로 책상을 정리하는 것은 어려운 일이다. 아이가 책상에서 공부를 하려고 하는데 책상 위에 이런저런 물건들이 어질러져 있으면 공부에 집중하지 못한다. 그러므로 아이에게 먼저 정리된 책상을 보여주고 물건을 제자리에 놓도록 계속 관심을 가져주는 것이 좋다. 그렇게 하다 보면 아이는 자신에게 맞는 방식으로 정리를 해나갈 것이다.

모 기업 회장님의 중학생 딸 방을 정리하면서 안타까웠던 기억이 있다. 책상 위에 컴퓨터를 올려놓는 바람에 공부할 공간이 비좁았다. 아이가 책상에서 공부할 수 있는 환경이 아니라고 판단해 결국 컴퓨터를 작은 탁자 위에 내려놓았다. 생각보다 많은 부모가 아이의 꿈이 자라는 아이의 공간을 신경 쓰지 않으면서 공부 잘하는 아이가 되길 바란다.

중·고등학생이면 공부에 관심을 가져야 할 중요한 때이다. 이때의 공부 습관이 향후 진로를 결정하는 중요한 변수가 될 수도 있기 때문이다. 평소 책상 위를 깔끔하게 치워두는 것이 중요하다. 책상 위 책꽂이에는 자주 보는, 중요한 책을 꽂아둔다. 교과별로 분류하는 게 좋다. 예를 들면 영어 관련 책을 여기저기 두는 게 아니라 영어 교과서와 참고서, 문제집을 함께 두는 것이다.

대부분 필기구는 필통에 한꺼번에 넣어두는데 되도록 네 군데로 구획이 나눠진 필통을 사용하여 볼펜, 샤프펜슬, 형광펜, 색연필 등으로 분류해서 둔다. 자주 사용하는 지우개나 화이트, 칼이나 가위 등은 2층짜리 정리함을 활용하여 책상 맨 위 서랍에 보관해서 쉽고 편하게 꺼내 쓰도록 하거나 문구 정리함을 책상 위에 놓고 사용하면 된다. 문구류는 작은 물건이 많아서 평소에 작은 박스를 모아두었다가 서랍으로 활용하면 종류별로 구획을 나눌 때 유용하다.

저학년 아이 방 정리 전후

중 · 고등학생 아이 방 정리 전후

주방
: 주부가 편해야 가족이 편하다

주방을 정리할 때 가장 먼저 해야 할 일은 싱크대의 모든 문을 열고 조금 멀찌감치 서서 전체적으로 어떻게 정리할지를 그려보는 것이다. 이것이 앞서 설명한 레이아웃이다. 어떻게 정리할 것인지 생각하는 과정을 거치지 않고 마구 그릇을 꺼내다 보면 제대로 정리도 하지 못하고 시간만 빼앗겨 결국 대충 마무리하고 끝내는 경우가 많다. 따라서 어떻게 정리할 것인지 머릿속으로 한번 그려본 후 정리를 시작하자.

이런 레이아웃을 생각하지 않고 정리하면 여기 놓았던 그릇을 저기에 놓고, 다시 또 저기 놓았던 그릇을 여기에 놓고 하는 일을 반복하게 된다. 정리에 능숙한 전문가라면 모를까, 아무런 생각 없이 하는 정리는 무모하다. 정리수납 전문가에게도 레이아웃은 필요하다. 머릿속에 레이아웃을 그리는 과정은 정리가 고통스러운 중노동이 되지 않기 위해 꼭 필요하다.

주방은 가스레인지를 기준으로 조리대와 물건을 수납하는 상부장과 하부장으로 나눌 수 있다. 요리를 하는 공간은 최대한 비워두어야 요리할 때 공간 활용이 용이하다. 요리할 때도 물론이고 청소할 때도 싱크대 위에 물건을 놓지 않으면 한 번 쓱 닦기만 하면 된다. 싱크대에 물건이 있으면 물건을 들고 닦아야 해서 번거롭고, 요리할 때도 여러모로 불편하다. 주방은 다른 곳보다 자주 청소해야 하고 청결을 유지해야 하는 공간임을 명심하자.

특히 가스레인지는 자주 닦고 청소하지 않으면 누런 기름때와 묵은 때가 생길 수 있다. 묵은 때는 닦아도 잘 지워지지 않으니 제때 바로바로 닦아주는 것이 좋다. 온 가족이 먹는 음식을 조리하는 곳이니 청결에 더욱 힘써야 한다.

그릇은 가능한 한 바로 상부장 아래 칸에 수납한다. 앞에서도 얘기했듯이 손이 닿는 곳에 매일 사용하는 그릇을 두는 것을 '핑거존의 법칙'이라고 한다. 핑거존의 법칙에 맞춰 그릇을 수납하고 정리하면 사용도 편리하고 보기도 좋다.

상부장의 맨 위 칸은 잘 사용하지 않으니 사용 빈도가 낮은 보관용 그릇을 수납한다. 그리고 중간 칸은 가끔 사용하는 그릇을 수납한다. 상부장을 잘 정리하고 나면 다른 곳은 어렵지 않게 정리할 수 있다.

상부장이 중요한 이유는 자주 사용하는 그릇을 수납하기 때문이다. 특히 상부장 아래 칸에 수납해놓은 그릇을 매일 사용하고 설거지하고 바로 수납하는 시스템을 잘 유지하면 다른 곳은 이에 맞추어 정리하면 된다. 매일 사용하는 그릇을 수납해두는 상부장의 아래 칸이 주방의 심장부라는 사실을 기억하자.

싱크대 하부장의 개수대 부분은 주방에서 정리가 되지 않는 공간 중 하나다. 개수대에는 물이 내려가는 호스가 있어서 정리 선반 같은 것을 놓을 수 없다. 종종 난방 배관이 있는 경우도 있다. 이런저런 이유로 개수대 부분에는 주로 큰 냄비나 잡다한 물건이 숨바꼭질하듯 쌓여 있다.

이때 개수대 아랫부분에 '싱크인 선반'을 놓으면 깔끔하게 정리할 수 있다. 평소 싱크대 하부장 정리 때문에 고민했다면 묵은 체증이 내려가는 듯한 상쾌함을 느낄 것이다.

싱크인 선반은 난방 배관이 설치된 하부장에는 사용할 수 없다. 이럴 때는 싱크인 선반 대신 2,000원 정도 하는 네트망을 두 개쯤 사서 설치하면 활용도 면에서 싱크인 선반에 뒤지지 않는다. 먼저 하부장의 구조를 잘 살펴본 후 가격과 용도에 맞게 사용하길 바란다.

개수대에 네트망을 활용한 모습

욕실
: 하루의 피로를 씻는 곳

욕실은 하루 일을 마감한 후 고단한 피로를 씻어내는 공간이다. 가족이 함께 사용하는 공간인 만큼 다양한 물건을 수납해야 하는 곳이지만 그리 넓지 않아서 수납 공간이 턱없이 부족하기도 하다.

많은 사람이 욕실장에 휴지와 수건을 가득 채워놓는다. 휴지는 현재 사용하는 것과 여분으로 한두 개 정도만 욕실장에 보관하고 나머지는 베란다에 보관하는 게 좋다. 공간을 많이 차지하고 욕실장을 닫아놓는다 해도 욕실의 습기가 휴지에 흡수될 수 있기 때문이다. 욕실장은 휴지를 다량으로 보관하기에는 적당한 장소가 아니다. 베란다에 휴지를 보관할 때도 되도록 비닐을 뜯지 않은 채 보관하는 게 좋다. 그래야 먼지가 들어가지 않고 위생적으로 보관할 수 있다. 혹시 비닐을 뜯었다고 해도 그대로 휴지를 비닐에 넣은 채 보관하자.

대부분 욕실장에 수건을 많이 수납하는데, 욕실장의 한 칸 정도만 수납하고 나머지는 욕실에서 가장 가까운 곳에 있는 서랍에 수납하는 게 좋다.

수건의 수량과 욕실장의 상황에 따라 수건을 3단 접기 방식으로 접거나 호텔식 접기 방식으로 접어서 보관한다. 욕실장이 여유 있을 때는 3단 접기 방식으로, 욕실장이 좁을 때는 호텔식 접기 방식으로 보관한다. 수건을 접는 방법은 5장의 옷 접기 파트에서 상세히 설명하겠다.

칫솔은 보통 여러 개가 한 묶음으로 되어 있는 것을 구매하게 된다. 열 개 이하일 때는 2리터 페트병을 적당한 크기로 잘라서 수납해주고, 그 이상일 때는 욕실장에 수납이 가능한 크기의 바구니에 담아서 욕실장에 보관한다. 치약은 구입하는 것도 있지만 선물로 받는 경우도 많다. 치약도 바구니에 담아서 욕실장에 보관하는데, 칫솔과 함께 보관하는 게 좋다. 치약이나 칫솔이 너무 많아서 함께 보관할 여건이 안 되면 각각 담아서 바로 옆에 보관해둔다.

욕실을 청소할 때는 가장 먼저 욕실의 거울을 깨끗이 닦아준다. 거울에 물때가 있으면 집 안에 좋은 운이 들어오지 않고 풍수학적으로도 좋지 않다고 한다. 풍수학이 아니더라도 거울에 물때가 있으면 잘 보이지 않아서 답답하기도 하고, 욕실에 들어왔을 때 욕실 분위기도 좋지 않게 만든다. 거울은 물티슈에 치약을 묻혀 닦아주거나 거울에 린스를 묻히고 물을 뿌려서 닦아주면 깨끗해진다. 거울뿐 아니라 거울에 비치는 벽면도 같은 방법으로 깨끗이 닦아주는 것이 좋다.

욕실에는 꼭 필요한 물건만 두는 것을 원칙으로 한다. 세면대 위에는 매일 사용하는 용품 한두 개만 바구니에 담아서 수납한다. 물건을 욕실 바닥에 놓으면 물때와 곰팡이가 생길 수 있으므로 물건은 욕실 바닥에 놓지 않도록 한다. 샴푸와 린스 등 목욕용품은 사용하는 것만 정리해서 한 바구니에 담아두고, 나머지는 베란다로 보낸다. 그리고 샴푸와 린스는 다 사용한 후 새것을 놓아야 하는데 대부분 다 사용하지도 않은 상태에서 새것을 놓다 보니 공간만 차지하는 경우가 많다. 남아 있는 용품을 다 쓴 뒤 새 용품을 사용해서 욕실의 물건 개수를 줄이는 지혜가 필요하다.

일회용 샴푸나 린스 같은 것은 수납장에 두기보다 작은 페트병을 잘라서 담아둔 후 링을 이용해 욕실 봉에 걸어두면 눈에 잘 띄어서 바로 사용할 수 있다. 샤워 타월이나 스펀지는 집게를 사용해서 걸어둔다. 걸어두면 물기가 잘 빠져 빨리 마르고 위생상으로도 좋다.

욕실에는 다양한 물건이 많은데 세면대 안쪽에 후크를 이용해서 보이지 않도록 걸어 수납하거나 선반을 활용하여 수납한다. 욕실에 쓸 수납용품이나 욕실용품을 살 때는 색깔을 맞춰서 구입하는 것이 좋다. 좁은 욕실에 여러 색깔의 용품이 있으면 어지러울뿐더러 보기에도 좋지 않다. 욕실화는 화장실 벽면 밑부분에 수건걸이를 부착해서 걸어두면 물기가 잘 마르고 깔끔해 보인다.

세면대 정리 모습

일회용 샴푸와 린스를 걸어둔 모습

이태리타월과 샤워 타월을 걸어둔 모습

세면대 측면에 수납한 모습

수건걸이에 욕실화를 걸어둔 모습

신발장
: 하루의 출발점이자 마침표

　신발장은 하루의 출발점이자 마침표이다. 출근할 때 옷을 차려입고 신발을 신고 나가는 것은 일의 시작을 의미하기 때문이다. 또한 하루 일과를 마치고 집으로 들어와 신발을 벗는다는 것은 하루 일과를 마쳤다는 뜻이기도 하다. 그런데 신발장을 열었을 때 원하는 신발을 찾을 수 없거나 보관 상태가 나쁘다면 아침부터 짜증이 나고 기분이 상할 수 있다.

　보통 4인 가족이 생활하는 집이라면 신발장에 신발이 넘친다. 신발을 제대로 수납하지 못해서 현관 입구에 신발이 나와 있게 마련이다. 요즘 대부분의 가정에 자전거가 한 대 정도는 있는데 현관 입구에 자전거가 있으면 현관은 미로처럼 복잡해진다. 그 문제를 해결하기 위해서 별도로 현관 입구에 신발 수납대를 놓는 경우가 있는데 이는 제대로 된 해결책이 아니다. 그 신발 수납대가 현관 입구를 가로막는 또 다른 원인이 되기 때문이다.

현관 신발 수납 전

현관 신발 수납 후

신발장은 왼쪽 칸에 아내의 신발을 수납하고, 오른쪽 위쪽 칸에 남편의 신발을, 그리고 아래 칸에 아이의 신발을 수납하는 게 일반적이다. 보통 여성의 신발이 종류도 많고 수량도 많아서 왼쪽 칸을 모두 아내의 신발에 할애한다. 대부분 남편의 신발이 커서 오른쪽을 반으로 나누어 위쪽에는 남편 신발을, 밑에는 아이 신발을 수납한다. 물론, 신발장을 꼭 이렇게 나누어서 수납해야 하는 것은 아니다. 형편에 맞게 공간을 나누어 수납하라는 얘기다. 이런 식으로 신발장을 정리만 해도 원하는 신발을 바로 찾아 신고 즐거운 마음으로 출근할 수 있다.

왼쪽 칸 제일 아래에는 여성용 부츠를 놓는다. 보통 정리 컨설팅을 하러 가서 신발장을 열면 부츠가 피곤한 듯 누워 있는 경우가 많은데, 부츠가 길어서 신발장에 세워놓을 수 없기 때문이다. 이럴 때는 맨 밑에 있는 선반 하나를 떼어내고 부츠를 놓으면 된다. 중간 칸에 자주 신는 구두를 놓고 위쪽에 운동화를 놓는다.

오른쪽 칸 아래쪽에는 아이 신발을 놓고 위쪽은 보통 둘로 나누어 중간에는 구두를 놓고 위쪽에는 운동화나 등산화를 놓는다. 그러면 남편이 출근할 때 눈높이에서 구두를 쉽게 꺼낼 수 있다.

대부분 신발장의 공간이 부족하다. 이럴 때는 슈즈랙을 이용하여 수납하면 공간을 두 배로 활용할 수 있다. 슈즈랙은 고정형과 조절형이 있는데, 고정형은 높이가 낮아서 사용하기 불편하니 조절형을 사용하는 게 좋다. 고정형이나 조절형이나 가격은 같다. 또 한 켤레를 위아래로 수납하는 싱글형과 한 켤레를 옆으로 수납하는 더블형이 있는데 더블형이 신발을 꺼내고 넣는 데 훨씬 편리하다.

철 지난 신발과 슬리퍼는 바구니에 담아서 놓는다. 신발장에 그대로 수납할 수 있으면 좋겠지만 그 정도로 신발장이 넉넉한 집은 한 곳도 보지 못했다. 2리터 페트병을 잘라서 활용하기도 한다.

신발장은 신발만 보관하는 곳이 아니다. 스포츠용품이나 우산도 보관한다. 스포츠용품은 한 바구니에 담아 라벨링해서 수납하는 것이 좋다. 보통 가정집의 우산 개수는 가족 수보다 많다. 우산은 수납 후 밑부분에 페트병을 잘라 고정하면 움직이지 않는다. 양산은 잘 말려서 3단으로 접은 후 서랍에 보관한다.

농구공이나 축구공은 굴러다녀서 보관이 어렵다. 이런 경우 신발장 윗부분에 압축봉을 설치하고 그 위에 공을 두자. 공간 활용도 잘되는 굉장히 좋은 방법이니 꼭 활용해보기 바란다.

신발장의 습기와 냄새를 제거하기 위해서 말린 커피 원두를 컵에 담아 신발장에 두면 좋다. 커피 원두는 전자레인지에 돌리거나 햇볕에 잘 말려서 사용한다. 주의할 것은 완전히 말린 후 사용해야 한다는 것이다. 제대로 말리지 않은 커피 원두를 사용하면 곰팡이가 생길 수 있다. 사용하다가 습기가 차면 잘 말린 커피 원두로 바꿔주어야 한다. 마트에서 습기 제거제를 구입해 사용할 수도 있다. 부츠에 신문지를 꽂아놓으면 부츠를 곧게 세워둘 수 있고 습기와 냄새도 제거할 수 있다.

신발장 수납

신발장 정리

신발장 정리 전후

슈즈랙 고정형 – 더블

슈즈랙 조절형 – 더블

바구니에 슬리퍼를 수납한 모습

페트병을 활용해서 슬리퍼를 수납한 모습

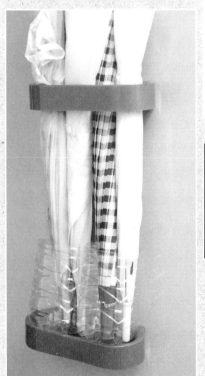

신발장에 우산을 보관한 모습

신발장에 압축봉을 설치하여 농구공을 보관한 모습

베란다
: 정리의 마무리를 도와주는 도우미

대부분의 베란다에는 조그만 창고 같은 게 있어서 집 안의 불필요한 물건이나 남는 물건을 정리하는 데 도우미 역할을 한다. 문제는 베란다 창고에 물건을 넣다 보면 물건이 점점 쌓인다는 것이다. 그래서 종종 베란다 창고에 있는 물건을 꺼내기 위해 고된 노동과 수고를 해야 한다. 쌓여 있는 물건을 치우면서 간신히 창고 앞에 도착해도 창고 문 앞에 물건이 잔뜩 쌓여서 문을 열 수 없는 경우도 있다. 단순히 창고에 있는 물건을 꺼내는 데만 불편한 게 아니라 베란다에 세탁기를 둔 경우에는 세탁할 때마다 베란다에 쌓여 있는 물건들 때문에 어려움을 겪게 된다.

이런 베란다의 모습을 볼 때마다 많은 생각이 든다. 베란다에 쌓여 있는 물건 대부분은 사용하지 않는 것들이다. 많은 사람이 쓸모없는 물건을 끌어안고 살고 있어서 안타깝기 그지없다.

고객의 집을 방문해서 베란다를 정리하는데 여행용 가방이 무려 열세 개나 나왔다. 여행용 가방 때문에 베란다를 정리할 수 없어서 고객에게 사

물건이 가득 쌓여 있는 베란다

정을 이야기했다.

"고객님, 여행용 가방이 무려 열세 개나 되는데 세 개만 버렸으면 좋겠습니다. 이 가방 때문에 제대로 정리할 수 없을 지경입니다."

"세 개는 그렇고 그럼 한 개만 버려주세요."

고객의 말대로 그중에서 가장 더럽고 구멍이 뚫린 가방을 버리기로 했다. 가방을 들어서 옮기려는데 가방이 생각보다 무거워서 가방을 열어보았다.

가방 안에는 해외 출장을 다니면서 모아둔 호텔용 치약, 칫솔 등으로 가득했다. 그중에 낡고 해진 손바닥 두 배 정도 되는 손가방이 눈에 들어왔다. 그 가방의 지퍼를 여는 순간 나는 뒤로 넘어질 만큼 깜짝 놀랐다. 가방 안에는 주먹 크기만 한 금덩어리가 네 개나 있었다. 자세히 살펴보니 골프채의 헤드를 그대로 본뜬 두 개의 황금과 골프공을 그린 위에 올렸을 때 위치를 체크하는 동그란 동전처럼 생긴 황금이 두 개 있었는데 두께나 크

발코니 정리 전

발코니 정리 후

기가 상당했다. 고객에게 그 가방을 가져다주고 나머지 여행용 가방은 큰 가방에 작은 가방을 넣는 방식으로 정리했다.

많은 사람이 베란다를 창고 용도로 사용하다 보니 지나치게 많은 물건을 쌓아놓는 경향이 있다. 베란다로 내보내는 물건은 대부분 보관용이다. 이때 가장 효과적인 정리 방법은 큰 박스에 물건을 종류별로 차곡차곡 담고 박스에 라벨링을 하는 것이다. 큰 박스에 많은 물건을 담는 만큼 라벨링은 필수다. 라벨링을 하지 않으면 나중에 필요한 물건을 찾을 때 박스를 다 열어 뒤져야 하는 불상사가 생길 수 있다.

베란다에서 사용하는 큰 박스는 튼튼하고 위쪽이 열려 있는 과일 박스를 활용하면 좋다. 튼튼하기도 하고 쌓아놓기에도 안정적이다. 과일 박스는 대부분 마트의 주차장 한쪽에 모아두어서 누구나 쉽게 가져갈 수 있다. 마트에서 쇼핑할 때 정리할 것을 염두에 두고 박스를 골라 가져오는 것도 방법이다.

베란다에 세탁기가 있는 경우 세탁기 위에는 아무것도 두지 않는다. 세탁용품은 바구니 하나에 담아 세탁기 옆에 둔다.

베란다 창고에도 더 이상 수납할 곳이 없고, 베란다에 정리할 물건은 넘쳐나는데 공간이 부족하다면 철제 수납장을 구입해서 물건을 수납하자. 철제 수납장은 비용을 좀 더 지불하더라도 튼튼한 것을 구입해야 나중에 후회하지 않는다. 철제 수납장 맨 아래 칸에는 무거운 물건을 보관하고, 중간에는 자주 사용하는 것, 위 칸에는 사용 빈도가 낮거나 가벼운 물건을 보관하는 것이 좋다.

옷장
: 자꾸 보고 싶어지는 옷장 만들기

옷장 정리는 먼저 이불을 정리하고 그다음 거는 옷, 접는 옷 그리고 소품 순으로 정리한다. 이불은 부피가 크기 때문에 옷장 어느 자리에 둘 것인지를 먼저 정하는 것이 좋다.

어느 가정집에나 결혼할 때 혼수로 받은 두꺼운 이불이 있을 것이다. 그런데 너무 두껍고 커서 수납할 때 무척 난감하다. 요즘은 대부분 침대생활을 하기 때문에 두꺼운 이불이 별로 필요하지 않다. 이불은 몇 년에 한 번 큰맘 먹고 구매하는 것이라 사용 중인 이불을 버리는 것도 쉽지 않다. 또한 비싼 돈 주고 샀다는 이유도 있지만 부모님의 사랑이 깃든 혼수라는 애착 때문에 더욱 버리기가 힘들다. 가끔 솜을 틀어서 얇은 이불을 두 채 만든다는 사람도 있지만, 비용이 만만치 않아서 선뜻 실행하기가 어렵다.

결론을 말하자면, 결단 내리기가 어렵지만 버리는 게 최선의 방법이다. 결혼한 지 20년, 30년이 지나서도 사용하지 않는 이불이 있다면 과감하게 버리자.

주민자치센터에서 강의를 하던 중 한 수강생이 질문했다.

"저희 집에 시집올 때 해 온 두꺼운 이불이 있는데 옷장에 안 들어가서 방 한쪽에 간신히 세워놓고 있어요. 좋은 방법이 없을까요?"

나는 웃으면서 대답했다.

"이불을 방 한쪽에 세워놓을 정도면 물건을 둘 공간이 부족한 거지요. 그럴 땐 과감하게 버리는 게 가장 좋은 방법입니다. 이 질문을 하시면서 저한테 좋은 방법이 있으리라는 기대도 별로 안 하셨을 겁니다. 그냥 답답하니까 물어보신 거죠?"

내 말에 많은 수강생이 웃었다. 그 웃음소리는 공감의 표시였을 것이다. 질문한 수강생도 함께 웃었다.

사실 이불에도 수명이 있다. 이불을 한 채 사면 낡을 때까지 쓴다고 생각하는 것이 보통이어서 이불에도 수명이 있다는 이야기를 하면 대부분의 수강생이 어리둥절해한다.

"이불에도 수명이 있는데, 과연 몇 년일까요?"

이불의 수명은 대략 5년 정도다. 갓난아기가 사용한 이불은 땀이나 소변 때문에 수명이 더 짧다.

사실 침구류에는 눈에 보이지 않는 집먼지진드기가 산다. 자주 세탁하고 햇볕에 말려도 집먼지진드기를 완벽히 제거하기란 쉽지 않다. 그래서 비싼 이불을 사기보다는 적당한 가격의 이불을 사서 5년 주기로 바꾸는 게 가장 좋다. 또한 솜이불을 버릴 때 이불 커버는 의류 수거함에 버리고, 솜은 종량제 쓰레기봉투에 담아서 버려야 한다. 이불 속의 솜은 분리수거 대상이 아니라는 것을 기억하자. 베개도 이불과 마찬가지로 자주 세탁하는 것이 좋고, 3~5년 주기로 바꿔주는 게 좋다.

얼마 전에 침구 청소기를 구입해서 침대 매트리스와 베개를 청소했다. 침대 매트리스에서 집먼지진드기나 먼지가 나오는 것은 이해할 수 있는데, 베개에서 생각보다 훨씬 많은 진드기와 먼지가 나왔다. 청소기 통에 집먼지진드기와 먼지가 3센티미터가량 쌓였다. 머리카락에서 나오는 유분과 얼굴 피부가 직접 닿는 베개는 이불보다 훨씬 쉽게 오염된다.

이불과 베개는 인생의 3분의 1을 함께할 정도로 우리에게 소중한 친구 같은 존재다. 이불과 베개는 자주 세탁하고, 제때 바꾸면서 사용하는 것이 좋다. 최소 한 달에 1~2회 주기로 침구류를 세탁하고, 땀을 많이 흘리는 여름에는 최소 월 3회 이상 침구 세탁을 권장한다.

철 지난 옷은 리빙 박스에 보관하여 옷장 수납을 하자. 이때 52리터짜리 리빙 박스를 사용하는 게 좋다. 리빙 박스에 옷을 보관할 때는 옷을 접어서 직사각 4호 바구니에 세로로 수납해서 보관하는 것이 좋다. 52리터 리빙 박스에는 직사각 4호 바구니 4개가 딱 맞게 들어간다. 일명 '박스 인 박스 수납법'이다. 철 지난 옷을 보관했다가 계절이 바뀌면 바구니를 꺼내서 그대로 옷장 선반에 두면 된다. 직사각 4호 바구니를 이용하면 리빙 박스 안에서 옷을 꺼내 다시 정리하고 접을 필요가 없다.

많은 사람이 옷은 많은데 입을 옷이 없다는 한숨 섞인 말을 하곤 한다. 외출하려고 옷장을 열었다가 입을 옷이 마땅치 않아서 짜증이 난다고도 한다. 옷장을 살펴보면 철 지난 옷이 있거나 입지 않는 옷이 가득하다. 그러니 정작 입을 옷이 눈에 잘 보이지 않는 것이다.

이탈리아의 경제학자 빌프레도 파레토가 만든 '파레토의 법칙'이 있다. 8:2의 법칙이라고도 하는데, 전체 결과의 80퍼센트가 전체 원인의 20퍼센트에서 일어난다는 것이다. 어느 매장에서 발생하는 매출의 80퍼센트를

20퍼센트의 고객이 올려준다는 얘기이다. 파레토의 법칙은 여러 경우에 적용할 수 있는데, 옷이 10벌 있지만 실제로 자주 챙겨 입는 옷은 2벌뿐이라는 얘기이기도 하다. 철 지난 옷은 리빙 박스에 담아서 잘 보관하고, 입지 않는 옷은 과감하게 버리는 게 상책이다.

모든 옷을 걸어서 수납할 수 있다면 옷을 정리하는 데 큰 걱정이 없다. 길이에 맞추어서, 색깔에 맞추어서 옷을 걸면 되니 무엇이 문제이겠는가. 하지만 현실은 그렇지 않다. 옷은 필요에 따라 접어서 수납해야 한다.

이제 옷을 거는 방법에 대해서 살펴보자.

옷을 거는 방법

1 왼쪽에서부터 짧은 옷을 걸고 긴 옷이 오른쪽으로 가게 건다. 색깔도 마찬가지로 옅은 색깔을 왼쪽에 걸고, 진한 색깔일수록 오른쪽으로 건다. 이렇게 색깔을 맞추는 것을 그러데이션이라고 한다. 꼭 이렇게 해야 한다는 법칙이 있는 건 아니지만 왼쪽에 짧은 옷을 걸어두는 게 좋다.

2 옷걸이 거는 방향을 같게 한다. 이건 너무 당연한 얘기인데 이 당연한 걸 하지 않는 가정이 생각보다 많다.

3 옷걸이를 너무 빽빽하게 걸지 않는다. 옷걸이를 너무 빽빽하게 걸어놓으면 옷을 뺄 때 힘이 들고 옷감에 구김이 가서 좋지 않다. 보통 옷을 걸 공간이 부족해서 빽빽하게 옷을 거는데, 옷과 옷 사이 간격이 빽빽하게 느껴진다면 옷 정리가 필요할 때다.

4 옷걸이 사이의 간격을 맞추어주면 보기에도 좋고 옷장을 열었을 때 산뜻한 느낌이 든다.

5 옷걸이는 모양과 색을 통일한다. 옷걸이의 모양이나 색이 다르면 옷장 문을 열었을 때 혼란스럽다.

6 같은 종류의 옷을 함께 건다. 코트나 원피스, 와이셔츠나 재킷 등으로 종류를 나눠 건다.

옷을 걸 때 색깔을 맞추고, 옷의 길이를 맞추고, 옷걸이도 통일한 뒤 옷장 문을 열어보라. 마치 자신이 영화나 드라마의 주인공이 된 기분이 들 것이다. 앞에서 소개한 방법을 실행해보고 그런 행복한 기분을 느껴보길 바란다. 자꾸만 옷장 문을 열게 될 것이다.

옷을 분류해서 걸어놓은 모습

냉장고
: 가족의 건강 지킴이

　주방을 정리할 때 가장 난감해하는 영역이 냉장고 정리다. 냉장실과 냉동실의 정체 모를 검은 비닐봉지와 언제 넣었는지 기억조차 안 나는 식재료들은 확실히 두려운 존재다. 버릴 용기가 없어 쌓아두다 보니 어느덧 냉장고는 찬 바람 나오는 창고나 다름없다.

　우리 가족을 건강하게 만들어줄 식재료를 보관하는 냉장고를 정체 모를 물건으로 가득 채우는 것은 무척이나 비효율적이다. 게다가 냉장고는 무조건 큰 것으로 사놓고 정작 자주 사용하는 공간은 5분의 1도 채 되지 않으니 얼마나 안타까운 일인가! 앞으로 냉장고를 찬 바람 나는 창고가 아닌 제 역할을 하는 냉장고로 만들어보자.

　냉장고는 가족의 건강과 직결되므로 청결을 유지해야 한다. 냉장고를 정리할 때는 먼저 안에 있는 물건을 모두 꺼낸 뒤 냉장고 청소부터 하는 것이 좋다.

　냉장고에 있는 물건들을 꺼낼 때 상할 염려가 있는 식품은 얼음을 넣어둔 아이스박스를 준비해서 담아두거나 아이스박스가 없다면 아이스팩 위에 꺼내놓는다.

냉장고에서 물건을 꺼내기 전 바닥에 방수가 되는 스프레드 시트나 샤워커튼 같은 적당한 깔개를 깔아준 후 물건을 놓는다. 이때 물건을 종류별로 분류하면서 내려놓는다. 분류하면서 꺼내려면 미리 적당한 크기의 바구니 여러 개를 바닥에 펼쳐놓고 채소, 반찬, 소스, 고기 등으로 분류해서 담는다. 물건을 분류하지 않고 그냥 내려놓으면 냉장고에 다시 수납할 때 번거로우니 종류별로 분류해서 꺼내도록 한다.

냉장고에서 물건을 모두 꺼냈으면 트레이, 선반 등을 다 빼서 싱크대나 욕실로 가져가서 닦는다. 냉장고 내부를 청소하는 방법은 간단하다. 베이킹소다와 식초, 분무기를 준비한다. 큰 그릇에 적당량의 물을 붓고 식초와 베이킹소다를 1:1로 넣고 잘 섞은 뒤 분무기에 넣는다. 이 천연 세정제를 냉장고 구석구석에 뿌린 뒤 10분 정도 지나서 닦으면 깨끗하게 닦일뿐더러 살균 소독 효과도 볼 수 있다.

잘 닦이지 않는 틈새 부분은 면봉에 세정제를 묻혀 구석구석 닦아주면 된다. 그래도 잘 닦이지 않는 부분은 분무기로 세정제를 신문지나 휴지에 뿌려서 안 닦인 부분에 끼워놓거나 올려놓았다가 5분 정도 지나 제거하면 된다.

냉장고에 바구니를 사용하면 종류별로 구분할 수 있고, 편하게 서랍식으로도 활용할 수 있어 매우 유용하다. 가능한 한 바구니는 선반이나 서랍과 같은 크기, 종류로 통일해주면 사용하기도 편리하고 보기에도 좋다.

수납 후에는 바구니에 어떤 물건이 있는지 라벨링해준다. 라벨지를 주로 사용하는데 냉동실 물건은 라벨지로 라벨링하면 글씨가 지워지거나

냉장고에 바구니를 활용한 모습

냉장고 공간별 식품을 수납한 모습

라벨지가 떨어질 수 있으니 화분에 꽂는 가든피크를 사용하기도 한다. 또는 3M 반창고에 네임펜으로 라벨링해서 붙여주기도 한다.

냉장고 수납 공간은 선반, 문, 서랍 세 군데로 나뉜다. 문에는 온도의 영향을 덜 받는 소스류나 바로 먹어야 하는 식품을 수납한다. 냉기가 위에서 나오므로 선반 제일 상단에는 상하기 쉽고 자주 먹는 음식을 수납한다. 중간에는 매일 먹는 반찬류를 두고 하단에는 김치나 된장, 고추장 등 무게가 무겁고 오래 두고 먹는 음식을 수납한다. 하단 서랍에는 채소나 과일을 수납한다.

우리의 음식 특성상 반찬 종류가 많아 냉장고에서 반찬을 꺼내는 일이 잦다. 반찬을 꺼내려면 냉장고 안을 뒤적이는 경우가 많다. 원하는 반찬을 찾을 수 있으면 다행이지만 제때 못 먹고 버리는 경우도 많다. 이걸 해결하는 좋은 방법이 있다. 적당한 크기의 접시나 납작한 바구니에 먹을 반찬을 담아놓는 것이다. 이렇게 하면 냉장고 안에서 반찬을 찾지 않아도 간편하게 한번에 꺼내 먹을 수 있다.

냉동실 문에는 얼리지 않아도 되는, 냉기의 영향을 덜 받는 분말 혹은 견과류나 건어물 등을 수납한다. 선반에는 조리식품을 수납하고 하단 서랍에는 육류나 생선, 냉동식품을 수납한다. 생선이나 오징어는 사서 바로 내장을 제거하고 1회 분량으로 나누어 냉동 보관하면 간편하게 꺼낼 수 있다.

냉동실은 공간을 꽉 채워주는 게 좋다. 100퍼센트 채워놓아야 물건끼리 서로 냉기를 전달해주기 때문이다. 냉장실은 물건을 80퍼센트만 채우는 것을 권한다. 냉동실과 달리 물건을 꽉 채우지 않아야 냉기 순환이 잘되어 냉장이 잘된다.

화장대
: 아름다움이 시작되는 곳

　정리 컨설팅 초기에 난감했던 경험이 있다. 옷장만 정리하는 부분 컨설팅 요청이었다. 계약이 성사된 와중에 마침 고객의 화장대가 눈에 들어왔다. 기분도 좋았고 사업 초기에 기반을 잘 잡아야겠다는 생각에 작은 화장대 정도는 서비스로 해주어야겠다는 생각이 들었다.

　옷장 정리가 끝나고 서비스로 화장대를 정리했다. 그런데 옷장을 정리한 시간만큼 화장대를 정리하게 되어 '서비스도 좋지만 내가 큰 실수를 했구나!'라고 생각했다.

　화장대 정리는 제법 까다로운 일이다. 화장대를 정리하기 어려운 이유 중 하나는 작고 자잘한 물건이 많아 손이 많이 가기 때문이다. 화장 도구나 물건 대부분이 작고 서랍의 높이가 낮아서 화장대를 정리할 때 적절한 수납용품을 찾기가 어렵다. 가짓수가 많고 물건들이 작아서 작은 박스나 500밀리리터 페트병을 재활용하기도 한다.

　정리 컨설팅을 가보면 가장 정리 안 된 곳 중 하나가 화장대다. 매일 사용하는 곳이니 정리가 잘되어 있을 것 같고, 얼굴에 바르는 제품들이 있어서 깔끔하게 정리할 것 같지만 어지럽게 널려 있는 화장대를 보면 적잖이 당황스럽다. 화장대는 여성이 아름다움을 가꾸는 곳이기에 좀 더 신경 써서 관리해야 한다.

화장대를 정리할 때 가장 먼저 해야 할 일은 의약품이나 건강기능식품과 마찬가지로 유통기한을 확인하는 일이다. 일일이 유통기한을 확인하고 기한이 지난 화장품은 바로 버리자. 유통기한이 지난 화장품은 미생물에 오염되어 피부 트러블을 유발하거나 피부에 2차 손상을 줄 수 있기 때문이다.

화장품은 개봉하기 전과 후의 유통기한에 큰 차이가 있다. 보통 화장품의 유통기한은 2년 정도이나 개봉한 후에는 6개월에서 1년 안에 사용하는 것이 좋다. 화장품은 유통기한과 개봉 후 사용 기한을 따로 표시하므로 꼼꼼하게 확인하자.

화장품 케이스를 보면 뚜껑이 열려 있는 그림과 함께 'M6' 혹은 'M12' 등 영문 M과 함께 숫자가 적혀 있다. 이 숫자는 유통기한의 개월 수를 뜻한다. 보통 개봉 후 스킨과 크림 등 기초화장품 종류는 6개월에서 1년 이내에 사용하도록 하고, 메이크업베이스, 파운데이션, 아이섀도 등의 베이스 제품과 색조 제품은 1년 6개월에서 2년 내에 사용하는 게 좋다.

화장대에는 자주 사용하는 물건을 적절한 크기의 바구니 한두 개에 분류해서 수납하고 나머지는 서랍에 수납한다. 한 바구니에는 매일 사용하는 스킨케어 제품, 다른 바구니에는 색조 메이크업 제품 등을 수납한다. 가능한 한 화장대에는 한 개의 바구니에 수납할 수 있는 양만큼만 담아두는 게 좋다. 그리고 화장품 유통기한과 개봉한 날짜를 함께 써서 라벨링해

화장대 수납

화장대 정리 전후

화장대 정리 전

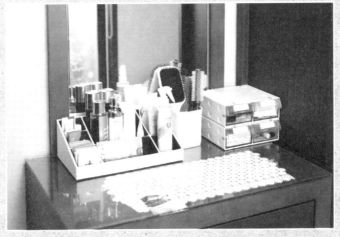

화장대 정리 후

준다.

　서랍은 가능한 한 작게 구획을 나누어서 각 구획이 물건의 집 역할을 할 수 있게 해준다. 작게 구획하는 이유는 화장품에 관련된 물건이 대부분 작고 종류가 다양하기 때문이다. 서랍에 구획을 나눌 때는 빈 공간이 없도록 한다. 빈 공간이 있으면 서랍을 열고 닫을 때 물건이 움직여서 다른 물건과 섞이니, 정리한 의미가 없어지기 때문이다. 이건 주방 서랍이나 TV 서랍장 등 모든 서랍에 해당되는 원칙이다. 서랍에 구획을 나눈 뒤 브러시는 브러시끼리, 샘플은 샘플끼리 물건별로 끼리끼리 수납해준다.

　서랍에 수납하는 면봉은 케이스 그대로 보관하고 뚜껑을 잘 닫아준다. 케이스가 없다면 먼지나 때가 묻지 않도록 지퍼백으로 밀봉해서 수납한다.

　더러워진 퍼프는 충분히 물에 적신 후 폼클렌징이나 샴푸를 묻혀서 거품을 내어 깨끗이 헹군다. 세척을 마친 퍼프는 물기를 제거하고 그늘진 곳에서 완전히 건조시킨 뒤 사용한다. 퍼프는 몇 번 세척해서 사용한 뒤 새 것으로 교체한다. 얼굴에 직접 닿는 도구인 만큼 위생상 매우 중요하다. 오래되거나 더러운 퍼프를 사용하면 접촉성피부염 등 피부 트러블을 일으킬 수도 있다.

　브러시는 전용 클렌저를 사용해서 세척하는 게 좋다. 페트병을 반으로 잘라서 먼저 클렌저를 넣고 브러시를 빙빙 돌리면서 세척한다. 브러시를 세게 누르면 브러시의 모가 상할 수 있으니 주의한다. 세척한 후에는 누이어 그늘에서 건조시킨다. 브러시 전용 클렌저가 없다면 클렌징오일이나 울샴푸를 사용해도 된다.

　화장대는 여성의 아름다움이 시작되는 곳이기에 더욱 신경 써서 정리해야 한다. 화장품의 유통기한을 확인하고 퍼프나 브러시 등은 세척해서 사용하는 등 위생에도 더욱 신경을 쓰자.

책장
: 책이 숨 쉬는 곳

앞에서 설명했듯이 책장에 있는 책을 그대로 꽂아둔 채 정리하면 안 된다. 일단 모든 책을 책장에서 꺼내놓은 뒤 책장을 정리하는 게 바람직하다.

책은 옷과 마찬가지로 모든 책을 한곳에 모아 버릴 것은 버리면서 정리해야 한다. 책을 한군데 모아놓아야 버리는 결정도 순조롭게 할 수 있다. 책을 좋아하는 사람은 책을 버리는 것을 굉장히 어려워한다. 책을 잘 읽지 않는 사람들은 쉽게 책을 버릴 것 같지만 그들 역시 책을 버리는 것은 좋아하지 않는다.

고객의 집에서 정리를 가장 많이 해야 하는 것 중 하나가 바로 책이다. 대부분 책장에 책이 꽉 차 있고 그것도 부족해서 책 위에 책이 얹혀 있고 책장 위에도 천장에 닿을 만큼 책을 쌓아놓은 경우도 있다.

책장을 정리하기 위해서는 버릴 책은 버려야 한다. 책을 정리하다 보면 30년 지난 책이 나오기도 한다. 책이 아니라 골동품을 만지는 느낌이 들 정도다.

책을 정리하기 전에 적당한 크기의 박스를 여러 개 준비한다. 너무 큰 박스를 준비하면 나중에 옮길 때 힘드니 책을 넣고 옮길 수 있을 만한 크기의 박스에 버릴 책을 선별해서 담아놓는다. 또는 옮기는 데 무리가 없을 만큼 책을 묶어서 버리는 것도 방법이다.

책을 버리는 기준은 어떻게 정할까. 쉽지 않은 일이다. 비디오테이프나 CD로 영화를 보는 경우를 생각해보자. 영화를 두 번, 세 번 보는 경우는 거의 없다. 그럼 다시 보지 않을 비디오테이프나 CD는 공간만 차지할 뿐이다.

책도 마찬가지다. 한 번 본 책을 두 번 보는 경우는 거의 없다. 평생을 곁에 두고 읽고 싶은 책도 있지만 그런 책은 몇 권 안 된다. 그렇다면 이제 책을 버리는 기준이 생겼을 것이다. 두 번 읽을 책이 아니라면 버리거나 기부하는 게 좋다.

읽지 않은 책을 정리하는 데도 어려움이 따를 것이다. 이미 한 번 읽은 책이라면 또 읽고 싶은 책과 그렇지 않은 책으로 구분할 수 있지만 읽지 않은 책은 내용을 몰라서 버리기 쉽지 않다. 그러나 읽지 않은 책 중에 오랫동안 보관만 하는 책이 있다면 앞으로도 읽지 않을 책이다. 그런 책은 과감히 정리하자. 오래된 책들을 정리해야 새로운 책을 부담 없이 구입할 수 있고 새로운 정보와 세계를 담은 책을 만날 기회가 생길 것이다.

나 역시 책장 정리가 가장 어려웠다. 내 책장은 숨을 쉴 수 없을 정도로 빽빽히 채워져 있었다. 책은 많고 책장은 턱없이 부족했기 때문이다. 그러나 책장은 책을 꽉 채워 수납하는 곳이 아니다. 책장 역시 냉장고처럼 80퍼센트 정도 여유를 두고 수납하여 새로운 책이 들어올 수 있도록 하는 것이 좋다. 새로운 책을 구매하기 전에 읽은 책과 읽지 않은 책을 정리하는 것이 좋다. 그래야 다음에 새로운 책을 받아들일 때도 책장이 꽉 채워질 일 없이 순환이 가능하기 때문이다. 나는 책장을 정리한 뒤 책과 좋아하는 소품 한두 개를 배치하여 보기에 편하도록 정리했고, 책표지가 보이게 수납하여 인테리어 효과도 주었다. 책표지가 보이게 수납하면 아이가 그 책에 관심을 갖고 읽을 확률이 높아져 책과 친숙해지는 효과가 있다.

다른 물건과 마찬가지로 책도 종류별로 분류해서 수납하는 것이 좋다. 경영, 처세술, 역사, 소설, 에세이, 어학 등으로 분류해서 수납한다. 가장 관심 있고 자주 읽는 책은 자기 눈높이에 맞춰 수납한다. 나는 경영 관련 서적을 가장 중시하고 자주 읽기에 내 눈높이에 맞춰 수납했다. 역사 대하소설은 자주 읽을 수 없어서 맨 위 칸에 두었다. 그다음 아래 칸에는 소설 중에서 여러 권으로 되어 있는 책을, 그 옆으로는 추리소설을 두었다. 경영 서적을 둔 아래 칸에는 자기계발과 처세술에 관한 책을, 그 아래에는 어학 관련 책을 두었다.

책을 수납할 때 향후 구입할 책을 고려해 분야별로 여유 공간을 두는 것이 좋다. 예를 들어 경영 서적을 두세 권 구입했는데 여유 공간이 없다면 새로 산 경영 서적은 소설책이나 역사책 옆으로 가는 불상사가 발생할 수 있다. 그렇게 되면 애써 분야별로 정리한 책들이 뒤섞이고, 다시 정리해야 하는 번거로움이 생길 수 있다.

이렇게 분류해놓으면 쉽게 책을 골라서 읽고 다시 제자리에 두는 것도 편하다. 자신이 어느 분야에 관심이 있고, 어느 분야에 치중되어 있는지도 알 수 있어 다른 분야에 관심을 갖는 데에도 도움이 된다.

Chapter 5

물건별 심플한 정리

: 물건에 돌아갈 집을 만들어준다

옷 접기를 해야
옷장이 정리된다

옷장에 옷을 걸어 정리했다면 이제 옷을 접을 차례다. 모든 옷을 걸어서 수납할 수 없으므로 옷 정리에서 옷 접기는 필수다. 옷 접기는 옷을 직사각형으로 만들어 접는 게 기본이다. 옷을 접을 때 손바닥으로 누르면서 접으면 자연스럽게 구김이 펴져 다림질한 효과도 볼 수 있다. 더욱 중요한 것은 잘 접은 옷을 어떻게 보관하느냐다.

옷을 선반 위나 바구니에 넣었다고 생각해보자. 그런데 옷을 가로로 겹쳐서 쌓아 수납한다면 밑에 있는 옷을 꺼낼 때 위에 있는 옷을 들고 원하는 옷을 꺼내야 한다. 그렇게 꺼낸 옷을 다시 제자리에 놓다 보면 공들여 접은 옷이 흐트러진다. 즉, 가로로 겹치기 수납을 하면 옷을 정리한 의미가 없어진다.

이때 필요한 것이 세로 수납법이다. 옷을 접어서 서랍이나 바구니에 수납할 때 한 줄로 세워서 세로로 수납하는 것이 좋다. 세로로 수납하면 모양을 그대로 유지할 수 있다. 또 편하고 쉽게 꺼내서 입고 다시 쉽게 넣어서 수납할 수 있다.

거듭 말하지만 유지되지 않는 정리는 아무 의미가 없다. 옷을 세로로 수납하면 정리를 유지하는 데 전혀 문제가 되지 않는다.

양말 접기

정리 컨설팅을 위해 고객의 집에 방문하면 백이면 백 양말을 뒤집어서 보관한다. 양말목을 조금 접으면 고구마가 되고 홀랑 다 뒤집으면 감자가 된다. 양말을 이렇게 보관하면 목이 늘어나고 수명도 줄어든다.

그런 양말을 보고 정리 컨설턴트 곤도 마리에는 이렇게 표현했다.

"양말들은 지금 쉬고 있는 중이에요. 그런데 저런 상태로 쉴 수 있을까요?"

사람도 일이 끝나면 집에서 휴식이 필요하듯이 양말에게도 휴식이 필요하다. 이제 양말들도 예쁘게 잘 접어서 편히 쉴 수 있도록 만들어주자.

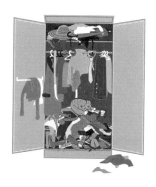

옷 접기

양말 접기

▶▶▶

양말 한쪽을 바닥에 직사각형이 되게 놓는다. 이때 발꿈치를 밑으로 내린다.
다른 한쪽 양말을 포개서 일자로 놓는데 위에 놓는 양말은 발꿈치를 위로 가게 한다.

▶▶▶

위 양말의 발가락 부분을 3분의 1로 접는다.　　양말 전체의 발목 부분을 접는다.

▶▶▶

위 양말의 발목에 아래 양말 발가락 부분을
넣는다.　　직사각형 모양의 양말이 완성된다.

양말은 사각형으로 접어서 사진과 같이 세로로 바구니에 담아서 수납한다.
(다이소에서 판매하는 리빙직사각 2호 바구니 사용. 품번 56043)

팬티 접기

이제 팬티를 접어보자. 팬티를 접는 방법은 성별에 큰 차이가 없어서 여성 팬티로 접는 방법을 설명하겠다.

팬티 접기
—
옷 접기

팬티는 보이게 하고 싶은 부분을 바닥 면에 놓는다.
이때 손바닥으로 팬티 전체를 한 번 눌러 펴는 것이
좋다.

▶▶▶

가운데를 기준으로 양옆을 삼등분으로 접는다. 이때 옆면이 일직선이 되도록 신경 써서 접는다.
옷 종류를 접을 때는 직사각형 모양을 만드는 게 중요하다.

►►►

허리 부분을 3분의 1로 접는다.

나머지 부분을 접어서 맨 위에 생긴 주머니 부
분에 넣는다.

직사각형 모양으로 접힌 팬티의 모습

발목 스타킹 접기

발목 스타킹은 접기 힘든 것 중에 하나다. 딱히 방법이 없어 보인다. 대부분 그냥 둘둘 말아서 두거나 서랍에 아무렇게나 집어넣는다. 하지만 잘 접으면 공간도 많이 차지하지 않는다. 귀엽고 앙증맞은 모습으로 변신시켜보자.

▶▶▶

스타킹 두 개를 일자로 포갠다. 이때 위에 있는 쪽을 2~3센티미터 밑으로 내린다.

발끝부터 접어서 발목 부분에서 위로 5센티미터 정도 되는 곳까지 접는다.

▶▶▶

발끝 쪽에서부터 조금 팽팽하게 돌돌 만다.

접힌 부분을 밴드 부분에 넣는다.

민소매 러닝셔츠

민소매 러닝셔츠를 구입해서 포장을 뜯으면 깔끔하게 잘 접힌 모습을 볼 수 있다. 러닝셔츠는 직사각형으로 만들어 이불처럼 접는 게 좋다.

옷 접기

민소매 러닝셔츠 접기

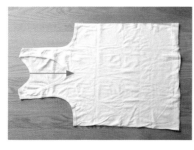

민소매 러닝셔츠를 바닥에 놓고 손바닥으로 전체를 눌러준다.

사진처럼 반을 접는다.

허리 부분을 잡고 반으로 접는다. 이때 끝부
분이 바깥으로 나가지 않게 안쪽에 놓는다.

가운데를 기준으로 양쪽을 접는다.

접힌 쪽의 주머니처럼 생긴 곳을 벌린다.

나머지 접힌 부분을 넣는다.

냉장고 치마 접기

옷감이 얇고 폭이 넓은 일명 '냉장고 치마'는 요리 보고 조리 보아도 접는 방법이 없을 것 같다. 그러나 방법은 있다. 잘 접으면 도시락 모양으로 만들 수 있다.

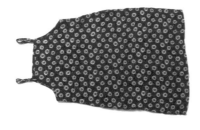

냉장고 치마를 바닥에 펼쳐놓는다.

15센티미터 정도 밑부분이 들어가게 접는다.

양쪽 옆 부분을 삼등분으로 접는다.

어깨 부분을 두 번 접는다. 이때 서로 마주 접어서 직사각형을 만든다.

주머니가 생긴 부분에 손을 넣어서 뒤집는다.　완성

수건 접기

보통 수건을 접을 때 반으로 접고 삼등분으로 양쪽을 접는다. 그런데 수건을 한 장씩 접어서 옮기지 않고 여러 장의 수건을 하나씩 따로 접어서 겹쳐 쌓은 뒤 옮긴다. 수건을 옮기는 중에 떨어뜨리거나 수건을 꺼내면서 정리된 수건이 흐트러지는 경우가 종종 있다. 이때 수건을 접는 방법에서 한 가지만 바꾸면 수건을 떨어뜨려도 접어놓은 게 풀리지 않게 할 수 있다.

▶▶▶

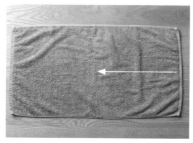

바닥에 수건을 잘 펼친다.　　　　　반으로 접는다.

▶▶▶

다시 반으로 접는다. 이때 접히는 끝부분이　삼등분으로 접는다.
바깥으로 나가지 않게 한다.

▶▶▶

접힌 부분에 생긴 주머니에　　　　　완성
나머지 부분을 접어서 넣는다.

호텔식 수건 접기

호텔식 수건 접기는 직사각형으로 접는 일반적인 수건 접기와 비교해 한두 번 더 접어야 하는 번거로움이 있다. 하지만 고급스러운 느낌을 주고 여건에 따른 수건 수납에 도움을 준다.

▶▶▶

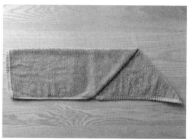

한쪽 끝을 삼각형 모양으로 접는다.

밑부분을 반으로 접는다.

▶▶▶

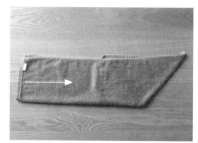

수건 전체를 뒤집는다.

직사각형의 끝부분을 삼각형 끝에서 5센티미
터 정도 남기고 접는다.

▶▶▶

직사각형의 끝부분에서 김밥을 말듯이 팽팽하
게 만다.

끝까지 말고 남은 삼각형의 끝자락을 옆에 끼
운다.

Storage method

쉽게 정리하는
이불 접기

정리수납 강의를 할 때 빠지지 않고 하는 이야기가 있다.

"여러분, 결혼을 앞두고 이불 접기 배우셨나요? 그렇지 않을 겁니다. 여러분 옷장에 있는 이불을 한번 떠올려보세요. 옷장 문을 열면 바로 이불이 튀어나올 것 같지 않나요?"

여태까지 정리수납 강의를 하면서 제대로 이불 접는 방법을 아는 사람을 본 적이 없다. 남녀를 불문하고 이불 접는 방법은 반드시 알아야 하는 생활 지혜다. 어디 이불 접기뿐이겠는가. 정리하는 방법을 알고 실천하는 것은 실생활에서 꼭 필요한 부분이다. 정리를 할 줄 알아야 물건에 통제당하지 않고 자유롭게 살 수 있기 때문이다.

이불 접는 방법에는 2단, 3단, 4단 접기가 있다. 두꺼운 이불은 2단 접기를 하고, 얇은 이불은 많이 접어 보관한다. 2단, 3단, 4단으로 접을 때의 폭은 옷장과 이불의 양에 따라 판단한다.

이불을 넓게 펼친다.

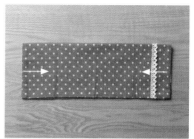

두 면을 겹쳐서 직사각형으로 만든다.

긴 직사각형을 사등분하고 가운데를 기준으로 마주 접는다. 가운데 마주 접히는 부분을 이불 두께만큼 공간을 비워둔다. 그래야 접었을 때 접힌 부분이 튀어나오지 않는다. 일명 '대문 접기'라고도 한다.

마주 본 두 면을 겹치게 접는다.

이불 접기

- 이불 접기는 A4 용지로 연습해보면 좋다. A4 용지로 연습하면 이불 접는 방법을 익히는 데 많은 도움이 된다.
- 3단, 4단 접기는 펼친 상태에서 두 번을 접느냐, 세 번을 접느냐의 차이다.

3단 접기

4단 접기

얇은 이불, 베갯잇, 침대 커버 등 수납하기

얇은 이불은 이불 접기로 안 하고 그냥 말아서 수납할 수도 있다. 얇은 이불을 말아서 수납할 때는 말린 부분이 풀리지 않도록 끝부분을 아래로 가게 해서 수납한다.

베갯잇, 침대 커버 등은 잘 접어서 이불을 수납한 곳 아래 서랍에 세로로 보관한다. 이렇게 보관하면 이불과 침구류를 한 옷장에 수납할 수 있고, 그 옷장을 열면 이불과 침구류를 한 번에 볼 수 있다. 베갯잇은 스타킹에 넣어서 수납할 수도 있다.

얇은 이불은 말아서 수납하기

서랍에 베갯잇, 침대 커버 등을 수납한 모습

옷걸이 자국 안 나게
니트 거는 법

날씨가 추워지면 제일 먼저 찾게 되는 옷 중 하나가 니트다. 셔츠 위에 겹쳐 입으면 추위도 막고 멋도 낼 수 있어 딱 좋다. 그런데 니트는 접어서 수납하기 힘들다. 옷걸이에 걸면 어깨 쪽에 옷걸이 자국이 남고 오래 보관하면 니트가 축 늘어져서 모양도 스타일도 엉망이 될 수 있다. 이럴 때 세탁소 옷걸이를 이용해서 어깨에 옷걸이 자국을 내지 않고 니트 모양을 유지하는 간편한 방법이 있다.

옷 접기
니트 접기

▶▶▶

옷을 세로로 반을 접는다.

옷의 겨드랑이 부분에 옷걸이를 놓는다.

▶▶▶

두 팔을 옷걸이 안으로 넣어서 뺀다.

몸통 부분을 옷걸이 안으로 넣어서 뺀다.

▶▶▶

공간 절약을 위해 고무링을 이용하면
이중, 삼중으로 걸 수 있다.

공간 절약을 위해 고무링을 건 모습

벨트 · 넥타이 · 가방 · 스카프 등의 소품을 심플하게 수납하는 방법

자주 사용하는 지갑, 열쇠는 바구니에 담아서 옷장 밑에 둔다

지갑이나 자동차 열쇠 등 주머니에 있는 것을 한 바구니에 담아두면 외출할 때 바로 꺼낼 수 있다. 옷장 위쪽에 옷 길이를 잘 맞춰 걸어놓으면 아래쪽에 약간의 공간이 생긴다. 그곳에 바구니를 놓고 자주 사용하는 물건을 담아놓으면, 특히 출근 시간에 지갑이나 자동차 열쇠를 찾기 위해서 이리저리 헤매지 않아도 된다.

바쁜 아침 출근 시간에 필요한 물건을 허둥지둥 찾는 사람과 바구니에서 필요한 물건을 꺼내 여유 있게 출근하는 사람은 하루의 출발점이 다르지 않겠는가. 인생의 승부는 대단한 곳에서 일어나는 게 아니라 이렇게 작은 것이 쌓이고 쌓여서 판가름 난다고 생각한다.

소품 수납

자동차 열쇠, 지갑 등을 바구니에 담은 모습

벨트를 말아서 바구니에 담은 모습

남성용 벨트는 말아서 바구니에 보관

벨트는 옷장의 벨트용 걸이에 거는 경우가 많은데 그 방법은 권하지 않는다. 옷장 문을 여닫을 때 걸어놓은 벨트가 움직이며 소음이 나기 때문이다. 남성용 벨트는 둘둘 말아서 작은 바구니에 넣고 걸어둔 옷 아래쪽에 보관하는 게 좋다. 이렇게 수납하면 벨트가 구겨지지 않을까 염려하는 사람이 있는데 그렇지 않다. 물론, 벨트를 타이트하게 둘둘 말아서 보관하면 벨트에 좋지 않을 수도 있으나 적당히 말아서 수납하면 별문제 없고 벨트를 꺼낼 때나 다시 수납할 때 편하다. 벨트가 많으면 좀 더 긴 바구니를 사용한다.

여성용 벨트는 커피 컵홀더에 보관

여러 방법이 있겠지만 여성용 벨트는 남성용보다 훨씬 작고 얇아서 사진과 같이 간단하게 커피 컵홀더에 보관할 수 있다.

가방은 책장에 보관하기

여성은 많게는 수십 개에서 적게는 열 개 내외의 가방을 가지고 있다. 명품이든 아니든 자주 쓰는 데일리 가방은 네 개를 넘지 않고 나머지는 가끔 쓰는 가방이다. 가방은 잘못 보관하면 먼지가 쌓이거나 모양이 변하고, 심한 경우 곰팡이가 생길 수 있으니 주의하자.

사용하지 않는 가방은 안에 신문지를 구겨서 넣고 박스째 둔다. 박스가 없다면 부직포에 넣는다. 사용하는 가방은 책장에 수납하는 것도 좋다. 박스째 보관하면 부피를 많이 차지하니 신문지를 넣은 가방을 S 자 고리에 걸어두거나, 세탁소 옷걸이를 구부려서 그네 모양으로 만들어 중간에 빨대를 넣어 거는 방법 등이 있다. S 자 고리에 걸어두면 사용할 때 편하다. 그러나 가방끈에 자국이 남거나 가방끈이 손상될 수 있고, 가방을 꺼낼 때 불편할 수 있다. 세탁소 옷걸이를 그네 모양으로 만들고 빨대를 넣어 걸어두면 꺼낼 때 불편할 수 있다. 그러므로 자주 사용하는 가방은 S 자 고리에 걸어 사용하고, 자주 사용하지 않는 가방의 경우 책장이나 선반 등에 가방 수납장을 대신하여 보관하는 게 제일 무난하다.

여성용 벨트를 커피 컵홀더에 보관한 모습

S 자 고리에 걸어둔 모습

책장에 가방을 수납한 모습

스카프를 간편하게 수납하기

같은 외투를 걸쳐도 어떤 스카프를 매치하느냐에 따라 다양한 분위기를 낼 수 있어서 스카프는 여성들이 선호하는 아이템 중 하나다. 정리수납 관점에서 스카프는 수납하기가 만만치 않은 소품이다. 수납용 바구니나 박스에 수납해봐도 옷장 문에 있는 봉에 걸어봐도 마땅찮으면? 간단한 해결 방법이 있다. 바로 '논슬립 바지걸이'를 활용하는 방법이다.

논슬립 바지걸이에 걸어두면 흘러내리지 않아서 잘 보관할 수 있다. 여러 스카프용 걸이가 따로 있지만 스카프를 여러 개 걸면 안쪽에 어떤 스카프가 있는지 잘 알 수도 없고, 안쪽 스카프를 꺼내려면 굉장히 불편하다. 논슬립 바지걸이를 활용하면 이런 불편을 모두 해소할 수 있다. 가격도 그리 비싼 편이 아니다. 온라인쇼핑몰에서 '논슬립 바지걸이'를 검색하여 L 자형 옷걸이를 구입하면 된다.

모자는 매장에 진열하는 것처럼 수납

요즘 젊은이들에게 모자는 개성을 표현하는 하나의 도구다. 그래서 최근 정리 컨설팅을 하다 보면 생각보다 많은 모자를 만나곤 한다. 세탁소 옷걸이를 접어서 양쪽에 모자를 거는 방법, 벽에 후크를 붙여서 모자를 거는 방법, 봉에 S 자 고리를 이용해 모자를 거는 방법 등 여러 가지가 있다. 가장 간단하고 편리한 수납 방법은 모자 매장에 진열해놓은 것처럼 선반에 모자를 수납하는 것이다.

선반에 그냥 놓는 게 싫다면 넓은 바구니를 이용해서 수납할 수도 있다. 물론, 자신의 형편이나 개성에 따라 방법을 달리할 수 있다. 정리는 정해진 답이 있는 것이 아니다. 자신의 형편이나 개성에 맞게 자신의 스타일대로 정리하는 게 답이다.

세탁소 옷걸이에 모자를 걸어둔 모습

옷장 선반에 모자를 수납한 모습

논슬립 바지걸이에 스카프를 걸어둔 모습

05

Storage method

비닐봉지, 종량제봉투는
작게 접어서 수납한다

마트나 슈퍼에서 물건을 구입하면 대부분 비닐봉지에 물건을 담는다. 버리기는 아까워서 모아놓은 비닐봉지가 제법 많다. 문제는 이런 비닐봉지가 한곳에만 있는 게 아니라 여기저기에서 튀어나온다는 것이다. 정리 컨설팅을 하다 보면 생각보다 많은 양의 비닐봉지를 보게 된다.

비닐봉지는 가지각색인데 자주 사용하는 것은 몇 개 되지 않는다. 싱크대 하부장 문에 봉지 걸이나 거치대를 사용해 필요 없는 비닐봉지는 바로 담아서 버리고, 나머지는 접어서 보관한다. 삼각형 모양으로 작게 접은 비닐봉지를 핸드백이나 가방에 넣어두면 쇼핑할 때 활용하기 좋다.

▶▶▶

가운데를 기준으로 양쪽을 긴 직사각형
모양으로 접는다.

다시 가운데를 기준으로 양쪽을 접는다.

▶▶▶

끝부분부터 삼각형으로 차곡차곡 접는다.

삼각형으로 접은 부분에 주머니의 나머지 부분을
넣는다.

접기 완성

종량제봉투 접기

▶▶▶

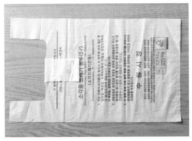

위쪽 가운데 부분을 밑으로 접는다.

밑에서 반으로 접는다.

▶▶▶

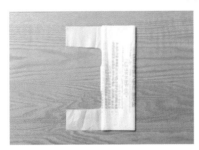

다시 반으로 접는다.

가운데를 기준으로 양쪽을 접는다.

▶▶▶

가운데로 반을 접는다.

접어서 생긴 주머니에 위쪽 남은 부분을 말아서 주머니에 넣는다.

06

Storage method

액세서리를 깔끔하고
예쁘게 정리하는 법

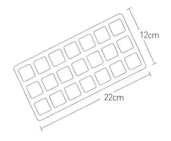

12cm

22cm

액세서리는 점점 쌓이는 물건 중 하나다. 구입한 액세서리의 스타일이나 모양이 비슷해서 정리하려면 꽤 만만치 않다. 목걸이, 팔찌, 발찌, 반지등 종류가 많아서 정리하려고 마음먹는 것도 쉽지 않고, 오래된 액세서리라도 선뜻 버리기가 쉽지 않다. 하지만 다른 물건과 마찬가지로 오래되고유행이 지난 낡은 액세서리는 버리는 게 최상의 정리법이다.

액세서리는 목걸이, 귀고리, 반지, 팔찌, 발찌, 시계, 머리핀, 머리끈 정도로 분류할 수 있다. 각 액세서리는 크게 실버와 골드로 분류한다. 예를 들어 반지를 보관함에 수납할 때, 한쪽에는 실버를, 다른 한쪽에는 골드를수납하면 원하는 액세서리를 찾을 때, 제자리에 수납할 때 편리하다.

반지와 귀고리는 직사각형 모양의 개별 액세서리 보관함을 사용하면개별 뚜껑 덕분에 섞이지 않게 수납할 수 있다. 전체 크기는 22×12센티미터이며 각 보관함의 크기는 2.5×3센티미터다. 21개 액세서리를 개별적으로 수납할 수 있다. 가격도 3,000원 정도로 매우 저렴하다.

목걸이는 걸어둘 수 있는 액세서리 정리용품을 사용해 엉키지 않게 보관한다. 4×5센티미터 크기의 지퍼백에 담아서 적당한 크기의 수납함에 한쪽에는 실버, 다른 쪽에는 골드를 수납한다. 특히 진주목걸이는 경도가 약해서 지퍼백에 보관하는 것이 좋다. 액세서리를 넣는 지퍼백의 크기는 하나로 통일하는 게 좋다.

시계는 적당한 크기의 수납함에 넣는다. 바닥에 천을 깔아주는 게 좋다. 또는 헝겊으로 된 안경 주머니에 신문지 등을 넣어서 시계 집으로 사용하기도 한다. 팔찌, 머리핀, 머리끈 등은 큰 것과 작은 것을 구분해서 밑부분을 자른 500밀리리터 페트병에 수납한 뒤 작은 바구니에 넣는다.

다양한 액세서리 정리용품이 있는데 위쪽 4단은 높이가 2.4센티미터이고 아래쪽 3단은 높이가 5.3센티미터인 7단 서류함을 이용하여 위쪽 4단에는 반지나 귀고리, 머리핀 등을 수납하고 아래쪽 3단에는 시계나 두꺼운 목걸이 등을 수납하면 하나의 수납함으로 액세서리 정리를 모두 끝낼 수 있다. 각 함에 얇은 천을 깔아서 수납하면 서랍을 여닫을 때 움직이는 걸 방지하고 부딪혀서 손상되는 걸 예방할 수 있다. 수납 후 이름표를 넣는 곳에 라벨링하는 것을 잊지 말자.

7단 서류함은 액세서리 보관과는 관계없어 보이지만 액세서리를 한곳에 보관할 수 있다는 장점이 있다. 액세서리 보관함으로 이 서류함을 추천한다.

정리에는 정답이 없다. 여러 액세서리 정리용품과 수납함 등을 얘기했는데 자신이 쓰기 편한 스타일을 선택해서 사용하는 게 중요하다.

액세서리 수납

개별 액세서리 보관함 모습

7단 서류함에 액세서리를 수납한 모습

서류는 한꺼번에
기간별로 보관한다

정리를 하면서 가장 신경 쓰이는 것 중 하나가 바로 서류들이다. 카드 영수증부터 임대차계약서, 병원비 영수증, 보험 관련 서류 등이 바로 그것이다. 심지어 벌금 고지서를 납부하고 영수증을 잃어버렸는데 다시 벌금 고지서를 받는다면 그야말로 난감하다. 손에 잡히는 대로 버리거나 간단하게 처리하고 싶지만 함부로 버릴 수 없는 게 바로 서류다. 제대로 확인하지 않고 버리거나 잘못 보관하면 낭패를 볼 수 있기 때문이다.

안타깝게도 이런 골치 아픈 서류들과 떨어져서 살 수는 없다. 나 역시 서류를 별로 좋아하지 않는다. 정리를 하다가도 서류가 손에 잡히면 피하고 싶은 생각부터 든다. 그냥 큼지막한 박스에 모두 담아 한쪽에 밀어놓고 싶은 마음이다.

가정집에 무슨 서류가 많겠나 생각할 수도 있지만 의외로 많다. 서류가 생기면 분류하거나 파일철 등에 넣지 않고 그냥 서랍이나 박스 등에 넣어두기 때문이다. 다른 물건과 마찬가지로 쓸모없는 서류는 버리는 게 상책이다. 꼼꼼하게 확인하고 버리도록 한다.

일단 파일철을 한 권 준비해 평생 보관해야 할 학위증이나 건물 매매계약서, 보험증서, 헌혈증 등을 넣는다. 그리고 '평생 보관 서류'라고 라벨링을 한다. 이 파일철에는 평생 보관해야 할 서류 외에 다른 서류는 넣지 않는다. 파일철을 활용하면 간단하고 쉽게 서류를 정리할 수 있다.

다른 파일철에는 금액이 큰 영수증, 임대차계약서, 대출 증서나 오랜 기간 보관해야 할 서류들을 보관한다. 이 외에 다른 서류는 넣지 않는다. 그리고 파일철 겉면에 라벨링을 해준다. 나는 오랜 기간 보관해야 하는 서류는 함께해야 할 동지 같다는 의미로 '동지 같은 서류'라고 이름 붙였다. 물론 다른 이름을 사용해도 무방하다.

전기요금 영수증, 전화요금 영수증, 벌금 고지서 납입 영수증 등은 지퍼백에 담는다. 잘 보관하는 것보다 더 중요한 것은 정기적으로 살펴보고 보관 기한이 지난 영수증은 버리는 것이다. 영수증을 관리하다 보면 어떤 곳에 지출을 많이 하는지 알게 되고 필요 없는 지출을 줄일 수 있다.

간직하고 싶은 내용이나 보관하고 싶은 서류, 신문 등이 있다면 사진을 찍거나 스캔해서 보관하는 방법도 있다.

정리 컨설팅을 가보면 초등학생 아이가 그린 그림이나 학교에서 받은 상장, 통지문 등을 냉장고나 벽에 붙여놓은 집이 많다. 상장은 파일철에 넣어 보관하고, 그림은 돌돌 말아서 휴지 심에 넣은 뒤 어떤 그림인지 써놓는다. 통지문은 클립보드에 꽂아놓고 새로운 통지문을 가져오면 바꿔 끼운다.

요약하면 서류는 평생 보관, 장기간 보관, 단기간 보관으로 각각 구분해서 파일철에 보관하거나 지퍼백에 담아 보관한다. 주의할 점은 서류를 너무 세분화해서 보관하지 말라는 것이다. 세 파트 정도로 나누고 정기적으로 확인해서 버릴 것은 버리고 관리하자.

스포츠용품 수납과
네트망의 다양한 활용법

물건을 정리하다 보면 스포츠용품이나 공구를 어디에 수납해야 할지 고민이다. 대부분 베란다 창고에 보관하는데, 신발장 한쪽에 공간을 마련해서 보관하는 게 좋다.

스포츠용품을 베란다 창고가 아닌 신발장 한쪽에 보관하라는 이유는 운동 나갈 때 찾기 쉽기 때문이다. 위치는 신발장 선반 중 좁은 쪽에 둔다.

줄넘기는 접어서 2리터 페트병을 잘라 담아두면 딱 맞게 들어간다. 농구공이나 축구공 등은 어디에 두어도 잘 굴러다녀서 보관이 어렵다. 신발장 윗부분에 압축봉을 설치하고 그 위에 두면 마치 공을 위해 자리를 맞춘 듯이 굴러다니지 않고 얌전하게 자리를 지킨다. 압축봉은 설치할 공간의 길이보다 약간 짧게 길이를 조절한 뒤 양손으로 압축봉 끝을 잡아당겼다가 놓으면 거머리처럼 착 달라붙어서 고정된다.

네트망은 공간을 창조하는 데 일등 공신이다. 숨은 공간을 찾아내는 탐지기 같은 존재다. 네트망이 활용도가 높은 이유는 구부려서 높이를 마음

페트병에 줄넘기를 수납한 모습

대로 조절할 수 있기 때문이다. 네트망은 잘 구부러지는 철제 네트망으로 구입한다. 네트망은 직사각형과 정사각형이 있으며 사이즈도 다양해서 필요에 따라 고르면 된다.

경기도의 한 아파트에 정리 컨설팅을 간 적이 있다. 24평 정도의 아파트 주인은 물건이 너무 많아서 정리가 안 돼 심한 스트레스를 받고 있었다. 알고 보니 남편의 사업 실패로 50평 정도의 아파트에 살다가 작은 아파트로 이사를 온 것이다. 특히 옷장은 정리할 수 없을 정도로 옷이 넘쳐났다. 그때 위력을 발휘한 것이 바로 네트망이다.

선반에 네트망을 구부려서 놓고 그 위에 옷을 접어 세로 수납한 바구니를 놓으니 공간을 두 배로 활용할 수 있었다. 수납 공간이 턱없이 부족해 네트망을 놓을 수 있는 곳에는 모두 설치했다. 네트망을 설치해 서 공간을 두 배로 늘린 덕분에 옷장을 깔끔하게 정리할 수 있었다.

나는 네트망 마니아라고 할 만큼 네트망을 많이 활용한다. 물론, 필요한 곳에만 사용한다. 사무실에 큰 서류봉투를 둘 곳이 마땅치 않아서 사무실 밖에 서류봉투를 보관하고 필요할 때마다 가져오곤 했다. 서류 보낼 일이 생기면 서류봉투를 찾아서 가져오는 게 은근히 스트레스였는데 달리 방법이 없었다. 어느 날 프린터를 쓰고 있는데 문득 프린터를 놓아둔 선반 아래쪽에 눈길이 갔다.

'아! 저기에 네트망을 구부려서 부착하면 서류봉투 문제가 해결되겠구나.'

가지고 있던 네트망을 구부린 뒤 케이블 타이로 묶어서 고정하고 그곳에 서류봉투를 수납해놓았다. 그 후로는 서류봉투를 찾으러 가는 스트레스에서 해방될 수 있었다. 2,000원밖에 안 되는 네트망이 나에게 편리함과 작은 행복을 주었다.

서류봉투 하나 때문에 스트레스 받냐고 생각할 수도 있다. 하지만 어딘가로 서류를 보내는 업무가 많은 나로서는 필요할 때 바로 찾아서 쓸 수 없다는 게 확실히 스트레스였다.

이렇듯 정리란 단순히 물건을 정리하는 일이 아니다. 물건에 통제를 당하느냐, 물건을 통제하느냐의 차이다. 자신도 모르게 물건에 통제당하고 있다는 느낌이 들면 그 공간에서는 일이 즐겁지 않고 행복하지 않아서 업무의 효율이나 성과가 좋을 수 없다.

정리를 한 뒤 절로 당당해지고 자신감이 생기는 이유는 바로 자신이 물건을 통제하고 있다는 생각에서 비롯된 자유로움 때문이다.

네트망은 여러모로 활용되는데 위력을 발휘하는 곳이 바로 원룸의 싱크대다. 원룸의 경우 대부분 싱크대 위에 식기 건조대가 없어서 무척 불편

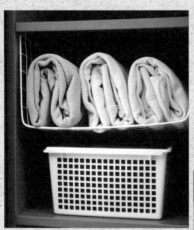

옷장 선반에 네트망을 설치한 모습

네트망을 활용해 서류봉투를 수납한 모습

네트망을 활용해서 스케치북을 수납한 모습

네트망을 식기 건조대로 활용한 모습

하다. 상부장 밑에 네트망을 구부려서 설치하면 식기 건조대 문제를 깔끔히 해결할 수 있다.

네트망은 가격이 아주 저렴하고 활용도가 높아서 적극 추천하는 수납용품 중 하나다.

사진과 추억의 물건은
맨 나중에 정리한다

'이대로는 안 되겠어. 방 좀 정리하고 살아야지.'

큰마음을 먹고 방을 정리하는데 평소에는 보이지 않았던 추억의 앨범이 눈에 들어온다. 무심코 앨범을 열고는 추억 속으로 빠져든다. 한참 사진을 보며 옛 추억에 잠기다 다시 정리하려고 하는데 이번에는 중학교 졸업 앨범이 눈에 띈다. 졸업 앨범을 보며 그때 그 시절로 빠져든다.

이렇게 되면 방을 정리하기로 했던 결심은 물 건너간다. 정리를 하려고 했다가 오히려 방을 더 어지럽히고 만다. 제대로 정리를 해보지도 못하고 이런 생각을 하게 된다.

'그래, 정리란 이렇게 어렵고 힘든 일이야.'

그렇기에 정리를 할 때는 옛 기억을 떠올리게 하는 사진, 책, 음반 등은 제일 나중에 정리해야 한다. 추억의 물건들을 만나게 되면 이것을 어떻게 할지 고민에 빠진다. 버려야 할지 말지, 어떻게 정리해야 할지 가늠하기 쉽지 않다.

정리 도중에 사진이나 추억의 물건을 만나면 일단 한곳에 모아두었다가 나중에 정리한다. 특히 사진이나 앨범은 어떻게 할지 생각하지 말고 일단 모아둔다. 사진은 책 속에서도, 서랍 속에서도, 때로는 낯선 박스 안에서도 나온다. 여기저기서 나온 사진들을 모두 모은 뒤 정리를 해야 한다.

앨범 속 사진은 한 장 한 장 확인해서 어떻게 할지 결정하는 것이 좋다. 사진은 사진 자체가 하나의 객체이고, 기억이고, 사건이기 때문이다. 사진은 한 장씩 확인해야 제대로 정리할 수 있다. 이렇게 정리하면 진심으로 기억에 남는 행복한 사진만 추리게 되고, 자꾸 열어보는 앨범이 된다.

정리 컨설팅을 하다 보면 유독 사진에 애정을 갖고 앨범을 모두 보관하려는 고객이 있다. 자신의 추억이 서려 있는 물건 중 가장 소중한 것이 사진이니 절대 버릴 수 없다는 것이다. 고객이 원하니까 앨범을 정리하여 보관하기는 하지만 그 고객이 살면서 앨범을 볼 일은 거의 없을 것이다.

기혼이라면 한번 생각해보라. 결혼하고 나서 결혼 기념 앨범을 몇 번이나 열어봤는지……. 결혼하고 아이 태어나고 정신없이 살다 보면 결혼 기념 앨범은 안중에도 없게 마련이다.

여행이나 행사 때 추억을 담기 위해 찍은 사진이 있을 것이다. 그중에서 즐거운 기억과 추억을 떠올리게 하는 사진만 남기고 나머지는 버리자. 풍경 사진은 아름답다는 감흥이 없거나 당시의 추억이 떠오르지 않으면 버리도록 한다.

요즘 휴대전화의 사진기는 성능이나 해상도가 일반 사진기를 능가한다. 그러다 보니 어디를 가든 휴대전화로 사진을 찍는다. 그런데 그렇게 찍은 사진은 어떻게 될까. 아마 대부분의 사진이 휴대전화에 저장되었다가 삭제될 것이다.

휴대전화로 찍은 사진을 현상해서 사진으로 보관하는 경우는 적다. 컴퓨터에 연도별, 월별로 파일을 만들어 사진을 보관하는 지혜가 필요하다. 가장 좋은 방법은 사진을 찍은 당일 저녁에 사진을 보고 마음에 안 드는 사진은 삭제하면서 컴퓨터에 정리하는 것이다. 며칠 지나면 사진을 보고 판단하고 정리하기가 어렵기 때문이다. 휴대전화로 사진을 많이 찍으면 컴퓨터에 사진 폴더를 만들어두는 게 좋다. 사진을 정리하지 않고 보관만 하는 것은 바람직하지 않다.

어느 가정집에서 정리 컨설팅을 한 적이 있다. 아이는 없고 부부가 사는 24평 정도의 아파트였다. 아이가 없으니 별로 물건이 없겠다고 생각했는데 집 안 전체에 물건이 쌓여 있었다. 게다가 베란다와 창고에도 이미 물건이 가득했다. 그 물건의 정체는 학창 시절부터 둘이 주고받은 편지, 초등학교 때부터 중고등학교 때까지 사용한 공책 등 대부분 어린 시절 추억의 물건들이었다. 실로 놀라울 정도였다.

"고객님, 죄송하지만 창고에 물건이 너무 많아서 정리가 어렵네요. 오래된 물건은 좀 버리면 어떨까요?"

내 얘기는 추억의 물건 중에 버릴 수 있는 건 좀 버리자는 얘기였는데 고객은 단호했다.

"아니에요. 그냥 보관해주세요."

조금의 망설임도 없는 대답이었다. 창고에 물건이 가득한 상황에서 보관할 물건이 더해지자 그야말로 탑을 쌓게 되었다. 이런 상황에서는 제대로 된 정리가 어렵다.

정리가 다 끝나고 고객에게 인사를 하고 나오는데 고객이 마음에 안 들어 하는 눈치였다. 하지만 버리지 않고 말끔하게 정리하는 것은 불가능에

가깝다. 제아무리 정리수납 전문가라고 해도 말이다.

사진 외에 추억의 물건은 시절별, 종류별로 분류하여 박스에 담고 라벨링해서 따로 창고에 보관하기를 권하지만, 분명한 것은 박스에 담긴 추억의 물건을 꺼내 볼 일은 거의 없다는 것이다.

그럼에도 추억의 물건을 간직하고자 하는 것은 자신의 마음 한구석이 과거에 머물러 있다는 뜻이기도 하다. 과거에 묻혀 있다 보면 현실에 소홀할 수 있고 미래를 준비하는 마음도 갖기 어렵다. 마음에서 과거를 떠나보내야만 현실에 충실하고 미래를 준비할 수 있다. 그냥 박스에 담아두는 것인데 무슨 상관이냐고? 추억의 물건을 마음에서 떠나보내기 위해서는 필요한 추억의 물건을 제외하고 버리는 것이 좋다.

Chapter 6

정리를 통해 얻게 되는 것들

: 자유, 꿈, 행복을 가슴에 품게 해준다

휴식 같은 친구가 되어준다

보험설계사로 일하는 친구가 있다. 어떤 보험이든 이 친구에게 가입하면 직접 서류를 들고 찾아와 내가 가입할 보험에 대해 왜 이 상품을 선택했고 어떻게 설계했는지를 상세히 설명해준다. 친구는 결코 서류에 사인만 받아서 가지 않는다. 얼마 전에도 자동차보험 만기를 앞두고 갱신을 위해 서류를 들고 찾아왔다. 친구는 특약 가입으로 이전보다 2~3만 원의 비용이 더 들지만 보상을 받을 때는 몇천만 원 차이가 난다며 혹시 모를 불상사를 대비해 가입해두는 게 좋겠다고 조언했다. 그런 친구의 모습을 보고 진정 프로구나 하고 생각했다.

그러던 중 친구가 보험이 아닌 다른 이야기를 꺼냈다.

"내가 너한테 정리수납을 배웠잖아. 그런데 그걸 배우고 물건을 정리하다 보니 내 인생도 정리가 필요하다는 생각이 들더라. 일만 하는 나 자신이 싫더라고. 그래서 요즘은 가끔 나를 위한 여행을 떠나고 있어. 시간 나면 함께 갈래?"

갑자기 함께 여행을 가자는 친구의 말이 조금 생뚱맞기는 했지만 무척 반가웠다. 주변에 있는 물건을 정리하고 나니 마음에 여유가 생겨 자신에게 휴식을 주고 싶어졌다니 얼마나 기분 좋은 변화인가! 이렇듯 물건을 정리정돈하면 공간이 넓어지고 생각이 자유로워진다.

나는 군대 시절에 수송부 소속의 운전병이었다. 수송부에서는 세 가지 구호를 크게 써서 벽에 붙여놓고 하루에도 몇 번씩 복창하곤 했다.

'닦고, 조이고, 기름 치자!'

수송부 고참이 차량을 수리하면서 "일자 드라이버!"라고 외치면 총알처럼 빠르게 일자 드라이버를 갖다 바쳐야 했다. 만약 조금이라도 지체하면 불호령과 함께 얼차려가 떨어졌다. 고참이 원하는 도구를 바로 갖다주려면 정리정돈은 생명과 같은 일이었다. 그런 이유로 나는 긴장 속에서 군생활을 해야만 했다.

고참에게 혼나지 않기 위해 시작한 정리였지만 차량을 닦고, 차고 바닥을 물로 씻어내고, 도구를 일렬로 잘 정리하고 나면 잠깐이라도 하루 중 가장 편안한 시간을 가질 수 있었다. 이미 정리가 끝난 상태여서 누가 와도, 누가 불러도 문제 될 게 없었다. 그렇게 수송부 운전병으로 생활하며 정리정돈을 체득해서인지 직장생활을 하면서도 회사를 운영하면서도, 항상 물건이 제자리에 있고 주변이 정리되어 있어야 마음이 편했다.

일하면서 인정받고, 승진하고, 높은 연봉을 받고, 많이 소유해야만 성공적인 삶이라 단정 지을 수도 없다. 물론, 경제적인 부분을 소홀히 할 수는 없지만 더 많이 가지려고 할수록 잃는 것도 많다는 사실을 기억해야 한다. 양손에 물건을 쥐고 있는데 다른 물건을 가지려고 하면 당연히 손에 쥐고 있는 물건을 놓아야 한다.

책을 쓰면서 알게 된 교수님이 한 분 있다. 이 교수님은 흥미롭고 재밌는 이야기를 많이 알고 있는데, 하루는 교수님에게 이런 얘기를 들었다.

"참으로 이상한 일입니다. 공부를 많이 하고 책을 더 많이 읽을수록, 내가 얻고자 하는 것은 복잡하고 어려운 지식이 아니라 단순하다는 것을 깨닫게 됩니다."

복잡했던 것들을 단순화하고 그 결과에 이르면 머릿속이 한층 맑아지고 자유로워진다는 것이다. 나는 교수님의 말씀에 100퍼센트 공감한다. 내게는 이 말이 진정한 학문은 채우는 게 아니라 비우는 것이라는 뜻으로도 들렸다.

그러므로 물건을 많이 소유하고, 많은 물건에 둘러싸여서 세상을 제대로 보지 못하고, 물건에 갇혀 사는 인생은 불행하다. 적게 소유하고 정리 정돈된 공간에서 생활한다면, 정리는 당신에게 휴식 같은 좋은 친구가 되어줄 것이다.

버리면 플러스가 되는 인생

홈플러스 간판에 적힌 '빼는 것이 플러스다'라는 문구를 보고 참 멋있는 표현이다 싶어 무릎을 친 적 있다. 마트 이름은 홈플러스인데 빼는 것이 플러스라니, 이 얼마나 멋진 말인가. 언뜻 들으면 말장난 같지만 정리의 개념과 딱 맞아떨어지는 말이기도 해서 비움의 개념을 설명할 때 꼭 써먹어야겠다고 마음먹었다.

많은 사람이 자신의 공간을 물건으로 채우려고만 하지, 물건을 버리려고 하지 않는다. 언제 사용할지 모를 물건을 버리는 것이 손해라고 생각하기 때문이다. 그렇게 쌓아둔 물건들이 자리를 차지하는 것은 물건에도, 물건 주인에게도 좋은 기운을 주지 못한다. 오히려 자신에게 필요 없는 물건을 버리면 죽었던 공간을 다시 사용할 수 있어서 여러모로 이득이다.

수납 강의를 하는 중에 수강생들끼리 하는 얘기를 들은 적이 있다.

"얘, 확실히 정리를 하는데 버리니까 되더라."

"그래 맞아, 언니."

보통 1주 차, 2주 차에는 서먹서먹해서 수강생끼리 서로 딱히 얘기도 하지 않다가 3주 차가 되면 강의실이 조금씩 시끄러워진다. 배운 것을 실천하면서 서로의 경험을 얘기하느라 그런 것이다.

수강생끼리 주고받은 말 중에 가장 인상 깊었던 말은 바로 "확실히 정리를 하는데 버리니까 되더라"이다.

고객 집에 방문해서 정리를 하면 대부분의 고객은 자신의 물건을 버리는 것을 싫어한다. 어쩌면 당연한 일이다. 자신의 손때가 묻은 물건을, 쓸모는 없지만 돈을 주고 산 멀쩡한 물건을 버린다는 것이 결코 달갑지 않을 것이다. 그러나 점점 정리가 되면서 넓어진 공간, 쾌적하고 깔끔한 공간을 보면 얘기가 달라진다. 고객이 먼저 나서서 "이건 쓸모없는 거니까 버려주세요"라고 얘기한다. 그리고 정리 컨설팅이 끝나면 대부분의 고객이 한층 넓어진 집과 방을 보며 정리하길 잘했다고 기뻐한다.

어느 고객의 집을 정리 컨설팅을 했는데 중학생 아들이 정리된 자신의 방을 보고 무척 기뻐했다. 빨갛게 상기된 얼굴로 자신의 방과 형이 쓰던 방을 사진 찍어서 미국에 유학 간 형에게 보냈다. 그걸 본 어머니가 한마디 했다.

"얘는 그걸 왜 사진을 찍어서 형한테 보내. 방학 때 와서 보고 놀라게 해줘야지."

얼마 후에 그 어머니는 매일 PC방에서 살다시피 했던 둘째 아들이 이제는 집에 있는 시간이 많아졌고, 공부도 열심히 해서 성적이 많이 올랐다며 고마워했다.

　하나를 선택한다는 것은 다른 하나를 버린다는 것이기도 하다. 누구든 자신이 원하는 물건을 모두 소유하고 살 수는 없다. 정리는 어떤 것을 가지고 어떤 것을 버릴지 선택하는 일인지도 모른다. 정리가 습관이 되면 물건을 버리는 것도, 물건을 남기고 정리하는 것도 현명하게 한다. 그러니 정리는 버리면서 플러스가 되는 인생을 만들어준다.

03
Storage method

인생의 진정한 출발점에 서다

강남에서 사업을 하는 지인이 있다. 그는 복층 오피스텔을 사무실로 사용하고 있었다. 그와 만났을 때 약간은 심각한 얼굴로 나에게 이런 하소연을 했다.

"사실 손님을 만날 때 오피스텔로 모시고 싶은데, 정리가 너무 안 돼 있어서 제 오피스텔에서 손님을 만나기가 좀 그러네요. 그래서 미팅할 때마다 커피숍에서 만나 비싼 커피를 마십니다. 이거 참."

선뜻 나서서 정리해주겠다 하고 싶었지만 그런 친절을 베풀 만한 사이가 아니라서 나는 그저 웃기만 했다. 그러다 몇 달이 지나서 그를 만났는데 멋쩍게 웃으며 뜻밖의 얘기를 했다.

"제가 지난번에 오피스텔이 정리가 안 돼 손님을 초대 못 한다고 했었죠? 얼마 전 여자 친구가 제 오피스텔을 정리해줘서 요즘은 오피스텔로 떳떳하게 손님을 초대해서 비즈니스를 진행하고 있습니다."

업무 환경이 좋아지니 사업도 잘되더란다. 우연인지 필연인지 오피스텔을 정리한 후 매출이 무려 두 배나 올랐다고 한다. 그는 정리를 잘하는 여자 친구를 둔 덕분에 자신의 사무실도 깔끔하게 정리하고 회사 매출도 오르는 행운을 잡았다.

비즈니스를 하는 사람의 사무실이 제대로 정리되어 있지 않으면 은연중에 자신감이 떨어지고 당당해지기 어렵다. 비즈니스란 자신의 물건을 팔기 이전에 자기 자신을 파는 일이기 때문이다. 비즈니스를 하는 사람이 자신감 없고 당당하지 못하면 그 사람이 파는 물건이나 하는 일에 대한 신뢰가 떨어질 것이다. 특히 식당의 경우 더욱 그렇다. 식당이 지저분하고 깨끗하지 못하면 손님이 올 리 만무하다.

수강생 중에 나보다 훨씬 어려 보이는 남성이 있었는데, 그분이 환갑을 넘겼다는 것을 알고 무척 놀랐다. 그는 대기업에 수십억짜리 반도체 장비를 판매하는 독일 회사의 CEO이기도 했다. 나는 환갑이 넘은 남자가, 그것도 회사의 CEO가 정리수납을 배우는 이유가 궁금했다.

"규모가 큰 회사를 운영하시느라 바쁘실 텐데 왜 정리수납을 배우시나요?"

나는 그의 간단하고 짧은 대답을 듣고 웃고 말았다.

"아, 집사람이 정리를 너무 못해요. 그래서 제가 이걸 배워서 집 안을 정리하려고요."

60세가 넘은, 외국계 회사의 CEO가 직접 집 안을 정리하기 위해 정리수납을 배우겠다고 나선 것이 놀랍기도 하고, 한편으로는 존경스럽기도 했다.

나이가 많건 적건 정리하는 법을 모른다면 배워야 한다. 처음부터 잘하는 사람은 없다. 부족한 부분을 알고 채우려 노력하는 과정에서 더 많은 걸 배울 수 있을 것이다. 특히 정리는 인생의 후반전을 살고 있는 사람에게 더욱 필요한 중요 요소다. 정리는 나 자신에게도 그랬듯이 인생의 터닝포인트가 될 수 있기 때문이다.

7년 전에 아내와 사별하고 막내아들과 함께 살고 있는 고객의 집을 정리 컨설팅한 적이 있다. 아파트 꼭대기 층 복층구조의 집이었다. 집 안을 정리하면서 나는 이런 생각을 했다.

'아! 이 집의 시계는 부인이 돌아가신 7년 전에 멈추었구나.'

그 집에서 정말 많은 물건을 버렸다. 얼마나 많이 버렸는지 버린 물건이 너무 많아 쓰레기장이 넘쳐서 주차장의 한 구획을 점령하는 바람에 아파트 경비 아저씨에게 사정을 얘기해야 할 정도였다. 버리는 물건은 대부분 돌아가신 부인의 물건이었는데, 물건마다 부인의 체온이 느껴져서 마음이 무겁고 아팠다.

정리를 마치고 나니 물건이 쌓여 정상적인 생활이 어려웠던 복층집은 말끔하게 바뀌었다. 정리를 의뢰한 딸은 집 안 정리가 끝나고 나서 아버지가 예전에 했던 일을 다시 시작하게 되었다며 고맙다는 인사를 전했다.

백세시대를 살고 있는 우리에게는 정리가 절실히 필요하다. 우리 사회는 50, 60세가 되면 제2의 인생을 살라고 냉혹하게 요구한다. 그 요구에 따르지 못하면 낙오자가 되거나 쓸쓸한 말년을 맞게 된다. 제2의 인생을 사는 데 정리는 아주 중요한 터닝포인트가 된다. 새로운 인생을 출발하는데 정리는 진정한 친구가 되어줄 것이다.

자신이 지내는 공간을 정리하는 것이 인생의 새로운 출발점이 될 수 있다고 힘주어 말하고 싶다.

04
Storage method

물건 정리를 통해
마음도 정리된다

얼마 전에 혼자 사는 여성의 집에서 정리 컨설팅을 했다. 원룸이라 크게 정리할 게 없다고 생각했는데 정리를 위해 물건을 꺼내놓으니 양이 만만치 않았다. 정리 컨설팅은 업무 특성상 집 안의 볼펜 하나, 젓가락 하나까지 꺼내서 다시 정리하다 보니 본의 아니게 고객의 형편이나 상황을 알게 된다. 그 고객은 당시 이혼을 했고, 자녀가 둘인데 아빠가 키우고 있었다.

여기저기 곳곳의 물건을 정리하다 보니 오래되어 먼지가 잔뜩 쌓인 잡동사니가 많았다. 베란다에서 옷이며 이불이 담긴 커다란 비닐봉지가 여러 개 나왔다. 비닐봉지를 열어보니 옷과 이불에 곰팡이가 잔뜩 피어서 냄새가 코를 찔렀다. 고객도 곰팡이가 핀 옷과 이불을 보고 놀라는 눈치였다. 그중에서 버려야 할 것은 버리고, 세탁을 해야 할 것은 따로 보관했다. 더 놀라웠던 것은 냉장고에서 몇 년은 묵은 썩은 음식물이 나왔다는 것이다. 음식물을 음식물 쓰레기봉투에 담아 버리고 나니 집 안에서 악취가 사라졌다. 정리를 하면서는 몰랐는데 썩은 음식물을 버리고 나서야 악취의 원인이 음식물 쓰레기였음을 알게 되었다.

쓸모없는 잡동사니들을 모두 버리고 저녁이 되어서야 물건이 제자리를 잡아가고 있었다. 정리를 마치고 돌아가는데 고객이 바깥까지 배웅을 나오며 고마운 마음을 표시했다. 그리고 며칠 뒤 한 통의 문자를 받았다.

'사실 저는 이혼 후에 우울증으로 집에만 있다시피 했어요. 집 안 정리가 되고 나서 일을 시작해야겠다는 생각이 들었습니다. 여기저기 이력서를 넣었는데 다행히 대형마트에 계산원으로 취직되었습니다. 청소도 하기 싫고 음식을 해 먹고는 설거지도 제대로 안 하고 지냈는데 이제는 청소하는 게 즐거워졌어요. 그리고 제일 기쁜 일은, 집 안 정리가 되고 나서 아이들도 제 집으로 놀러 오게 되었답니다. 진심으로 감사드려요.'

정리 컨설팅을 하면서 가장 큰 선물을 받은 기분이었다.

한번은 견적을 보러 고객의 집을 방문했더니 옷장에 옷이 얼마나 많은지 문을 열면 옷장에서 옷이 '나 여기 있다' 하며 튀어나올 지경이었다. 견적을 보면서 찬찬히 고객의 사정 얘기를 들었다.

"사실은요, 애 아빠가 제법 크게 사업을 하다가 망했어요. 그래도 다행히 기술이 있는 사람이라 직장을 다녀요. 저도 직장생활을 오래했는데 지금은 몸이 안 좋아서 쉬고 있어요. 전에 살던 집보다 절반이나 줄여서 이 집으로 이사 온 거예요."

큰 평수에서 작은 평수로 이사했을 때 큰 평수에 맞춰 구매했던 물건의 가짓수와 양을 줄이지 않으면 정리하기 힘들다. 나는 고객과 상의해 과감하게 물건들을 정리하고, 꼭 필요한 물건들만 수납하고 배치했다.

정리가 끝나자 고객은 믿기지 않는 듯 몇 번이고 옷장 문을 열어보고 기뻐하며 집 안 곳곳을 둘러보았다. 고객은 정리 컨설팅을 받고 나서 우울했던 마음을 떨치고 다시 한 번 열심히 살겠노라 다짐했다고 한다. 그 후 고객은 건강을 회복하고 다시 직장생활을 시작했다.

이렇듯 정리를 통해 우울했던 마음을 떨쳐버리고 생활에 활력을 되찾은 경우는 수없이 많다.

마음이 정리되지 않으면 물건도 정리되지 않는다. 마음을 정리하는 것은 결코 쉽지 않다. 하지만 물건 정리를 통해 마음을 정리할 수 있다. 정리는 움츠렸던 마음을 비우고 다시 달릴 수 있는 힘과 희망을 준다.

생활의 질서를
만들어주는 정리

사람은 참으로 이기적인 동물이다. 집 안에 자신이 찾는 물건이 없으면 일단 짜증부터 낸다. 중학생 딸이 가방을 챙기다가 책상 위에 있어야 할 필통이 보이지 않는다고 엄마에게 확 짜증을 낸다.

"엄마, 책상 위에 있던 필통 어디다 치웠어?"

엄마도 기분이 좋을 리 없다.

"니 물건은 니가 알아서 챙겨야지. 엄마가 니 필통이 어디 있는지 어떻게 알아?"

엄마는 딸아이 방에 들어가서 방 한구석에 있는 필통을 간신히 찾아 딸아이를 학교에 보낸다. 한숨을 돌릴 틈도 없이 이번에는 남편의 다급한 목소리가 들린다.

"여보, 내 러닝셔츠 어디 있어?"

아침 출근 시간에 급하게 러닝셔츠를 찾는 남편의 목소리가 고울 리 없다. 남편의 러닝셔츠를 찾아 출근을 시키고 나면 아내는 이런 생각이 든다.

'내가 이 집의 종인가?'

물건이 깔끔하게 정리되어 있어서 모든 게 제자리에 있다면 아침마다 이런 전쟁을 치르지 않아도 된다.

정리란 물건을 제자리에 두고, 공간을 잘 활용하고, 편리하게 만드는 것 뿐 아니라 생활에 질서를 잡아준다. 딸아이의 방이 잘 정리되어 있었다면 필통이 없어졌다고 엄마를 찾는 일은 없을 것이다. 남편의 속옷이 정해진 서랍에 깔끔하게 수납되어 있다면, 남편이 어디에 속옷이 있는지 알고 있다면, 바쁜 아침 출근 시간에 부산을 떨지도 않을 것이다.

더 큰 문제는 없어진 물건을 찾는 과정에서 가족 간에 작은 다툼이 생기고 불화가 생긴다는 것이다. 그 조그만 다툼이 반복되다 보면 가족 간에 보이지 않는 벽이 만들어질 수 있다. 정리란 이런 다툼을 없애고 가족 간의 평화를 가져다준다.

회사에서도 이런 일은 비일비재하다. 나 역시 필요한 물건을 즉시 찾지 못하면 짜증을 내고 직원들을 원망하기 일쑤였다.

"아니, 왜 내가 항상 쓰던 일자 드라이버가 제자리에 없는 거야?"

당장 작업에 필요한 드라이버를 찾지 못해 결국 밖에 나가서 사 오면, 책상 밑에서 내가 찾던 일자 드라이버가 웃으며 나를 반긴다. 생각해보면 일자 드라이버를 책상 밑으로 떨어뜨린 사람은 바로 나 자신이다. 아무 잘 못도 없는데 나에게 혼난 직원은 기분이 어땠을까.

온라인쇼핑몰을 운영하는 지인은 택배 마감 시간이 되어 물건을 포장하려는데 박스 테이프가 보이지 않는 것이 황당하다고 말했다. 여기저기 물건 사이를 헤집고 다니며 박스 테이프를 찾다 보면 이미 택배 기사가 기다리고 있고, 포장 시간이 늦어지다 보니 택배 기사가 짜증을 낸다고 한다.

"저희는 시간이 생명인데 이러시면 안 됩니다."

부랴부랴 포장해서 물건을 보내고 나면 박스 테이프를 애타게 찾아 헤매던 게 허망하기까지 하더란다. 그래서 내가 박스 테이프를 찾아 헤매지 않는 방법을 알려주었다.

"작은 바구니를 하나 사서 박스 테이프를 담아 그걸 항상 제자리에 두면 됩니다."

내 말대로 하고 나서는 물건 포장이 늦어지는 일도, 택배 기사가 기다리다 짜증을 내는 일도 없어졌단다.

이렇듯 평소 정리가 잘되어 있는 곳에는 질서가 생기고 그 질서는 평화를 가져다준다는 점을 반드시 기억하자.

시간에 대한 개념이 달라진다

정리수납은 공간을 절약하는 개념이다. 공간을 절약하는 습관이 생기면 자연스럽게 시간도 절약하게 된다. 과장이라고? 아니, 실제로 그렇다. 물건이 제자리에 있지 않으면 물건을 찾아 헤매야 하고, 또한 물건을 찾다 보면 짜증이 나서 기분이 상한다. 물건이 제자리를 지키고 있으면 물건을 찾아다닐 일도 없고, 시간도 절약되고 일의 효율성 또한 올라간다. 정리란 이렇게 일의 효율성을 높여주고 시간을 절약할 수 있게 해준다.

처음 정리수납 일을 했을 때 어지러웠던 공간을 깔끔하게 정리하면서 느끼는 기쁨과 보람은 그 크기를 잴 수 없을 만큼 컸다. 마치 수많은 군인을 거느리고 사열을 하며 경례를 받는 기분이었다. 그런데 점점 물건을 제자리에 두고 정리하면서 인생의 시간을 놓치고 낭비하며 산다는 게 정리수납 전문가로서 어울리지 않는다는 생각이 들었다. 물건을 정리하는 만큼 생활 속에서 시간을 정리하고 관리해야겠다는 생각을 하게 된 것이다.

정리수납 일을 시작했을 때 나에게 가장 큰일 중 하나는 견적을 보고 계약을 하면 수납용품을 준비하는 것이었다. 정리 컨설팅을 하기 전날 매장이나 마트를 다니며 수납용품을 구입했다. 문제는 꼭 필요한 수납용품이 부족하다는 것이었다. 내일 정리 컨설팅을 해야 하니 할 수 없이 시내에 있는 매장을 두루 다니면서 구입을 한다. 사무실에 돌아오면 대부분 밤 11시가 넘었다. 그때부터 부랴부랴 체크해가며 수납용품과 여러 준비물을 챙기다 보면 12시가 넘는다.

한번은 수납용품을 준비하는데 여기저기 매장을 둘러봐도 도저히 준비할 수가 없어서 지인에게 도움을 요청했다.

"선생님, 수납용품이 좀 부족한데 어떻게 하면 좋죠?"

그랬더니 어느 매장을 가면 그 제품이 있을 거라고 알려주었다. 감사하다는 인사를 하고 전화를 끊으려고 하는데 지인의 낭랑한 목소리가 다시 들려왔다.

"아니, 그걸 왜 매장을 다니면서 구입해요? 쇼핑몰에서 미리 여유 있게 주문해서 구입해놓으면 되죠."

그 말을 듣는 순간 망치로 머리를 한 대 얻어맞은 기분이었다. 맞다. 정리 컨설팅을 하기 전날 매장을 여기저기 다니며 수납용품을 구입할 이유가 없었다. 여유 있게 온라인쇼핑몰에서 미리 구입해놓으면 된다. 사소한 일이라고 여길 수 있지만 나에게 수납용품을 사러 매장에 가는 일은 중요한 업무 중 하나였다. 그런데 두 번, 세 번 매장에 가지 않고 앉은자리에서 인터넷으로 주문만 하면 된다. 여유 있는 수량으로 말이다. 이것은 업무에서나 생활에서나 나에게 엄청난 시간적 여유를 가져다주었다.

그 후로는 물건을 사야 할 일이 생기면 '이게 지금 당장 꼭 필요하면 지금 사러 가야겠지만, 그런 게 아니라면 내일이고 모레고 다른 물건을 사러

갈 때 가자'라고 생각을 바꾸었다. 필요하다고 생각하는 물건을 다이어리에 메모해두었다가 마트에 갈 때 함께 사거나, 업무상 마트 근처를 지날 때 산다. 그리고 업무로 거래처나 마트에는 가급적 러시아워를 피해 오전 11시쯤이나 오후 2시쯤에 움직인다. 그러면 차가 막히는 도로에서 시간에 쫓기거나 신호에 걸릴 때마다 짜증이 나는 것을 예방할 수 있다.

주방이나 옷장을 정리할 때, 물건을 꺼낼 때는 종류별로 분류하고 버릴 것은 박스나 큰 비닐봉지에 담아둔다. 이러한 행동은 시간을 절약하고 두 번 해야 할 일을 한 번으로 줄이는 효과가 있다. 시간을 절약한다는 것은 그만큼 일의 양을 줄이고 능률을 높이며 일을 하는 데 편리함을 가져다준다.

정리를 통해 물건을 종류별로 분류하고 버리는 작업을 하면서 자연스럽게 시간을 절약하는 개념을 터득했는지도 모른다. 정리란 물건을 소중하게 다루고 사랑하는 작업이다. 정리는 자신의 물건을, 자신의 시간을, 자신의 인생을 소중하게 여기고 사랑하게 해주는 메신저 역할을 한다.

세상과 소통하게 되다

인생은 어떤 사람을 만나느냐에 따라 결정된다고 한다. 물건도 마찬가지다. 자신이 가지고 있는 물건과 자신도 모르게 소통하고 영향을 주고받는다. 자신이 소홀히 여기고 사용하지 않는 물건은 그것 역시 당신을 소중히 여기지 않는다.

세상을 살면서 항상 좋아하는 사람만 만나고 서로 좋은 느낌과 감정만 나누면서 살 수는 없다. 하지만 누구를 만날지는 자신이 선택하면서 살 수 있듯이 물건 역시 정리를 통해 버릴 것은 버리고 필요한 물건만 가질 수 있다.

무엇을 버리고 선택할 것인가. 결코 쉬운 일이 아니다. 하지만 나와 말도 안 통하고 부정적인 사람에 둘러싸여 스트레스를 받으며 사는 것과 말이 잘 통하고 긍정적인 에너지를 가진 사람과 함께 생활하는 것은 삶의 질이 다르다.

쓸모 없는 쓰레기처럼 쌓인, 먼지 나는 물건에 둘러싸여 사는 사람과 자신이 좋아하고 좋은 기운을 불러일으키고, 보는 것만으로도 기쁜 물건과 생활하는 것은 큰 차이가 있다. 자신의 주변에 있는 물건들이 자신을 대변해준다고 해도 결코 과장은 아닐 것이다.

주위를 둘러보라. 자신이 어떤 물건에 둘러싸여 있는지. 자신이 원하지 않는, 혹은 잘못 선택한 물건이 있다면 지금 당장 그 물건을 버리고 정리하자. 보기만 해도 나쁜 기억이 떠오르고, 현명하지 못한 소비로 자책감을 불러일으키는 물건이라면 당장 정리하는 것이 지혜롭다.

평생 몸 바쳐 일한 회사가 반토막이 나고, 그 여파로 가족이 해체되는 아픔을 겪은 지인이 있다. 현재 그는 작은 원룸을 얻어 혼자 살고 있는데, 오랜 시간이 지났지만 지금도 예전에 살던 넓은 아파트를 지나갈 때면 얼굴이 붉어지고 가슴이 울렁거린다고 한다. 또 자신이 탔던 대형 세단이 지나는 것을 보고 나면 하루 종일 기분이 우울해서 견딜 수가 없다고 했다.

사업의 몰락과 함께 찾아온 고통은 그뿐만이 아니었다. 주변 사람들이 사업에 실패한 자신의 처지를 비웃고 업신여기는 것 같아서 2년여 동안 사람들을 만나지 않고 사무실에 처박혀 지냈다고 한다. 그럴수록 회사는 점점 어려워지고 사장인 자신의 존재감은 희미해졌다고 한다.

그러던 어느 날, 사장실에 들어갔더니 테이블 위에 누군가가 마시고 간 커피잔이 두 개 놓여 있었단다. 자신이 없는 사이, 직원 중 누군가가 사장실 소파에 앉아 미팅을 한 것이었는데, 그것을 본 지인은 사장실에서 나와 한참 동안 자신의 처지를 비관하며 길거리를 배회했다고 한다. 허락도 없이 사장실에 들어와 직원들이 미팅을 할 만큼 이제 직원들조차 자신을 사장으로 여기지 않는다는 생각에 자존감이 무너져 내렸다. 그 당시 극단적인 선택을 할 수도 있을 만큼 힘들고 지쳐 있었다는 그의 말에 나 역시 우울해졌다.

그의 회사를 방문해 사장실에 들어갔다. 물건은 여기저기 어질러져 있었고, 사장실이라기보다는 창고 같은 느낌이었다. 소파에도 물건이 어질러져 있어서 간신히 엉덩이만 걸치고 앉아 그와 얘기를 나누었다.

"사장님, 제가 사장실과 회사를 한번 정리해드리겠습니다."

그는 조금 망설이다 입을 열었다.

"회사까지는 그렇고. 그럼 내 방을 부탁드려도 될까요?"

꽤 늦은 시간까지 그의 방을 정리한 뒤 그를 불렀다. 그는 깔끔하게 정리된 자신의 공간을 보면서 놀라고 기뻐했다. 그는 내 손을 잡고 연신 고맙다고 인사했다. 슬픈 사슴 같은 그의 눈빛을 뒤로하고 나는 그 회사를 나왔다. 며칠 뒤 그에게서 연락이 왔다.

"예전처럼은 아니지만 다시 일을 시작했어요. 그리고 이제는 거래처 사장들도 만나러 다니고 있습니다. 저를 이 감옥에서 나오게 해주셔서 감사합니다."

그는 그야말로 정리를 통해 세상과 소통하게 된 사람 중 하나다. 그가 세상과 소통하지 못하고 갇혀 있을 때 사장실은 그에게 감옥과 같았다. 사장실이 정리되면서 비로소 그는 세상과 소통을 시작하고 새로운 시작을 위해 한 발을 뗄 수 있었다.

아무리 비싸고 럭셔리한 집이라도 창문이 없다면 무슨 소용이겠는가. 창문은 세상과의 소통을 의미한다. 창문이 없으면 햇볕이 들지 않는 어둡고 침침한 감옥에서 지내는 것과 다름없다. 그런 의미에서 정리란 세상과 소통하게 해주는 창문 같은 존재다.

자유로운 생각,
살아나는 창조력

경기도에 있는 한 베트남 부부의 집을 컨설팅한 적이 있다. 초등학교에 다니는 여자아이가 둘 있고, 집 안은 아이들 물건으로 발 디딜 틈이 없었다. 그렇다 보니 아이들 방은 있었지만 책상도 없고 공부를 할 만한 환경이 아니었다. 아이 방에 펼쳐놓은 밥상을 책상으로 쓰는 듯했다.

부부의 집은 3층 건물의 3층이었는데, 정리를 하다 옥상에 올라가보니 낡았지만 제법 쓸 만한 책상이 하나 있었다. 반가운 마음에 잘 닦아서 아이 방에 옮겨놓았다. 밥상 위에 있는 연필, 필통 등 학용품을 책상으로 옮기고 깔끔하게 정리를 했다.

정리를 마칠 무렵, 아이들이 학교에서 돌아와 방으로 들어오며 환호성을 질렀다. 어질러져 있어서 제대로 사용하지 못했던 침대가 말끔히 정리되어 있고, 옷 넣을 옷장이 마땅치 않아 방 한구석에 층층이 쌓여 있던 옷가지도 행거용 옷걸이에 걸려 있으니 얼마나 좋았겠는가. 거기다가 보지 못한 책상까지, 아이들이 놀라지 않을 수 없었다.

마무리를 하고 집에 돌아가려는데 고객이 몇 번이고 감사하다며 한국말로 또박또박 말했다.

"아이들 책상까지 마련해주시고 감사합니다. 아이들이 자기 책상이 생겼다고 너무 좋아해요."

무슨 연유로 책상이 옥상에 있었는지는 모르겠으나 아이들에게 책상을 마련해줄 수 있어서 나도 무척 기뻤다.

정리 컨설팅을 하러 가정집을 방문하면 아이 방을 소홀히 하는 경우를 자주 본다. 심지어 아이를 안방에서 재우고 아이 방을 창고로 쓰는 경우도 있다. 독립적이고 자립심 있는 아이로 키우기 위해서는 아이 방을 제대로 만들어주고 그곳에서 아이가 공부할 환경을 조성해줘야 한다. 특히 아이가 사용하는 책상은 아이의 미래를 만들어주는 곳이므로 가장 신경 써야 할 물건 중 하나다.

풍수와 공간 정리를 접목한 정리수납 전문가로 세계를 무대로 왕성하게 활동하고 있는 영국의 캐런 킹스턴은《아무것도 못 버리는 사람》이라는 책에서 이렇게 얘기한다.

우리는 우리가 소유한 물건들과 미세한 에너지의 줄로 연결되어 있다. 집 안 가득히 내가 사랑하고 즐겁게 사용하는 물건들로 채워져 있다면 이것이 나를 위한 자원과 양분의 근원이 된다. 반대로 잡동사니는 에너지를 무겁게 잡아당긴다. 잡동사니를 간직하는 시간이 길면 길수록 그 영향력도 점점 강해진다. 나에게 아무런 의미가 없으며 전혀 중요하지도 않은 물건들을 모두 떠나보낼 수 있을 때, 나의 몸과 마음과 영혼은 가볍게 날아갈 것이다.

집 안 또는 자신의 공간이 정리되어 있지 않고 잡동사니들로 넘쳐난다면 집중해서 공부한다거나 자유로운 생각을 하는 게 어렵다. 캐런 킹스턴의 말처럼 잡동사니들이 집중해서 뭔가를 할 수 있는 에너지를 방해하고 심지어 빼앗아 가기 때문이다.

자신의 공간이 정리되어 있으면 몸에 묶여 있던 사슬이 풀린 것처럼 생각이 자유로워지고 몸이 가벼워짐을 느낄 수 있을 것이다. 생각의 자유로움은 집중력과 창조력이 높아질 수 있게 도와준다. 학생이라면 학습 효과가 높아질 수 있게 하고, 주부라면 집안일을 즐겁게 할 수 있는 기운을 주고, 비즈니스맨이면 업무 능률을 향상해줄 것이다.

한샘 광고에서 이런 내용을 본 적이 있다.

'책상 정리가 학습 능력을 좌우합니다.'

이 카피를 보고 세상이 참 많이 변했음을 느꼈다. 가구 회사에서 책상을 팔면서 책상의 디자인이나 튼튼함을 이야기하는 것이 아닌, 책상 정리가 잘되는 책상이라고 광고하니 말이다. 당연한 얘기인데도 내 입장에서는 새롭게 느껴졌다.

책상 정리가 잘되어야 집중이 된다. 이 집중력은 곧 학습 능력을 좌우하고, 학습 능력은 아이의 미래를 좌우한다.

튼튼하고 디자인이 좋은 책상을 선택하는 소비자들에게 책상 선택의

새로운 기준을 제시하는 카피가 아닐 수 없다. 한편으로는 저절로 정리가
잘되는 책상을 만들었다니, 정리수납을 하는 입장에서는 위기감이 느껴
졌다.

정리가 잘되어 있으면 자유로운 생각과 창조력을 발휘할 수 있다. 어디
에 어떤 물건이 있고 얼마만큼의 물건이 있는지 잘 알고 있어야 자신의 삶
을 통제하며 살 수 있다. 자신의 공간이 정리가 잘되어 있고 좋아하는 물
건들로 채워져 있어야 원하는 목적지에 닿을 수 있다.

물건을 구매할 때
한 번 더 생각하게 된다

정리를 통해 물건을 제자리에 두고 관리하는 것 이상으로 물건이 얼마나 있는지 아는 것은 중요한 일이다. 정리한다는 것은 물건에 제자리를 마련해주고, 그 자리에 두는 것임을 알았을 것이다. 지극히 상식적인 정리의 기본이고 정석이다. 그렇게 함으로써 그 물건의 재고가 있는지 없는지를 알 수 있고 물건을 구매할지 말지를 쉽고 편하게 판단할 수 있다. 생필품이 없는 줄 알고 일부러 차를 몰고 마트에 가서 물건을 사 왔는데 싱크대나 베란다 창고에서 같은 물건이 '나 여기 있어요'라고 인사하면 황당하다 못해 화가 날 것이다. 그것도 부피가 큰 것이라면 그 황당함은 당혹감으로 바뀌기도 한다.

내가 사는 아파트에는 토요일이면 장이 선다. 딱히 장 구경을 간 것은 아니었지만 한 바퀴 둘러볼 겸 들어섰다가 떡국을 파는 곳이 눈에 들어왔다. 가끔 혼자서 라면을 끓여 먹을 때 떡국떡을 넣어서 끓이면 좋겠다는 생각이 갑자기 들었다.

"아저씨, 이거 얼마예요?"

"네, 한 봉지에 육천 원이고, 두 봉지에 만 원입니다."

만 원에 두 봉지를 사면 2,000원이 이득이라는 생각에 두 봉지를 들었다. 그런데 가족과 함께 끓여 먹을 게 아니라 사무실에서 일하다가 출출할 때 끓여 먹을 용도인데 두 봉지를 사면 보관도 불편하고, 나중에 한 봉지는 그냥 버릴 수 있겠다는 생각이 들었다.

"그냥 한 봉지만 주세요."

내가 만약 2,000원 이득이라는 생각으로 두 봉지를 샀다면 예상대로 한 봉지는 상해서 버렸을 것이다. 이렇게 정리를 습관화하면 물건을 살 때 한 번 더 생각하게 된다.

컨설팅을 위해 고객 집을 방문하면 사용하지 않는 홍삼 제조기나 요구르트 제조기 등을 자주 볼 수 있다. 상태를 보면 몇 달, 아니 몇 년 사용하지 않고 주방에 자리를 차지하고 있는 듯하다. 당장 사용할 것 같아서 구입했으나 몇 번 써보지도 않은 채 그냥 자리만 차지하는 것이다. 몇 번 쓰지 않았으니 차마 버리지는 못하고……

정리로 공간을 잘 활용하는 것도 중요하지만 정리된 공간을 유지하려면 꼭 필요한 물건만 구매하고, 쓰지 않는 물건을 쌓아두는 습관을 고칠 필요가 있다. 몇 번 쓰지 않고 보관할 물건이라면 애초에 구매할 필요가 없다는 뜻이다. 그러니 물건을 살 때 한 번 더 고민해야 한다.

정리를 제대로 하지 않아서 낭비되는 사례 중 하나가 제때 공과금을 내지 않아서 물게 되는 가산금이다. 고지서를 받으면 잘 분류해놓거나 정해진 공간에 보관해야 하는데 아무 데나 팽개쳐두었다가 기간이 지나서 발견하거나 가산금이 추가된 고지서를 받는 경우도 있다. 고지서는 다른 영수증과 섞이지 않도록 잘 보관해야 한다. 월별 고지서나 분기별 고지서 등은 정해져 있으므로 그 내역을 한곳에 메모해두었다가 납부하고 나서 체크하는 것도 한 방법이다.

정리되어 있지 않으면 물건이 어디에 있는지 몰라서 또 사는 경우가 있다. 정리를 통해 물건의 위치와 재고를 쉽게 파악할 수 있다면 물건을 구입할 때 꼭 필요한 물건인지, 가지고 있는 물건은 아닌지, 물건을 수납할 공간은 어디인지 등을 쉽게 판단할 수 있다. 그러니 정리가 습관이 되면 물건을 구입할 때 더욱 신중해지고, 그만큼 소비를 줄일 수 있어서 경제적인 사람이 될 수 있다.

인생이라는 무대의
주인공이 된다

나는 연극이나 영화 혹은 드라마에는 주연, 조연, 단역이 있지만 인생이라는 무대에서는 모두가 주인공이라고 생각한다. 그런데 대부분 인생의 무대에서 주인공이 아닌 조역, 단역으로 살아간다. 그 원인이 물건이다. 넘쳐나는 물건들 틈에서 더 가지려는 욕심에 눈앞이 흐려진다. 물건들은 우리의 시야를 가려 장래에 대한 고민이나 관심 없이 단역이나 지나가는 행인으로 인생의 무대를 살아가게 하는 것이다.

이럴 땐 정리정돈을 하고 필요 없는 물건을 버리는 과정을 통해 지나치게 많은 욕심을 갖고 산 것은 아닌지, 앞으로 어떻게 살아야 할지 고민해 보는 시간을 가지기를 권한다. 쓸데없는 물건을 버림으로써 생기는 여유 공간만큼 마음의 여유도 생긴다. 물건에 쏟았던 관심이 줄면 자연스럽게 자신의 인생과 행복에 더욱 관심을 갖게 된다. 사람은 자신이 생각하는 대로 자기 인생을 만들어갈 수 있는 존재다.

자신의 공간을 정리하고자 마음먹었다면 어떤 방법으로든 정리하면 된다. TV에 나오는 것처럼 근사하게 정리하려고 노력할 필요는 없다. 정리 수납 전문가가 아닌 이상 그렇게 정리하는 건 어려운 일이다. 자신이 생각하는 대로, 자신이 편한 대로 정리하면 된다. 중요한 것은 정리하겠다는 마음을 놓지 않는 것이다.

'조금 포기하면 많이 잃는다.'

나는 이 말이 정리에 적합한 표현이라고 생각한다. 정리를 안 하고 산다고 해서 누가 잡아가는 것도 아니다. 아니, 정리를 안 하고 산다고 비난하거나 비웃을 사람도 없다. 단지 사는 데 불편할 뿐이다. 그런데 그 조금 불편한 것이 자신의 인생 마차를 끌고 가는 데 짐이 된다면, 그래서 앞으로 나아가는 데 방해가 된다면 어떨까.

'이까짓 거 내일 치우면 되지, 뭐.'

내일이면 또 다른 물건이 쌓인다. 시간이 지날수록 물건이 쌓여가고 나중에는 "이걸 어쩌지" 하며 한숨이 터져 나온다. 퇴근 후 집에 가면 설레기보다는 마치 다른 직장으로 출근한 기분이다. 집에 들어가서 여기저기 널려 있는 물건들을 보면 마음이 편하지 않다. 그런데 치우는 게 귀찮다는 이유로 쉬어야 할 공간을 마구잡이로 더럽힐 수는 없지 않은가. 그러므로 조금씩이라도 주변을 정리하는 습관, 거창하게 치우려는 욕심보다는 눈에 보이는 곳부터 조금씩 정리하는 습관, 그것이면 족하다.

일단 정리란 어렵고 힘든 일이라는 생각에서 벗어나야 한다. 정리를 제대로 하지 못해 오늘도 내일도 스트레스를 받을 게 아니라, 있어야 할 것과 없어야 할 것을 구분해 과감하게 버릴 것은 버려야 한다. 그리고 '언젠가는 정리하겠다'는 생각을 머릿속에서 지우고, 지금 이 자리에서 당장 정리를 시작하자.

자동차 운전을 막 시작했을 때를 생각해보라. 처음 핸들을 잡았을 때 불안하고 초조했던 게 기억날 것이다. 현재 운전을 자유롭게 할 수 있는 것은 처음의 그 불안과 초조함을 이겨냈기 때문이다.

운전면허증을 따고도 운전을 하지 않는 것을 일컬어 '장롱면허'라고 한다. 이 책을 읽고도 정리하려는 마음만 먹고 전혀 정리를 하지 않은 채 그 마음을 장롱에 넣어두지는 말자. 자동차 운전과 마찬가지로 한 번 두 번 하다 보면 정리가 익숙해지고 즐거운 일임을 알게 될 것이다. 물건을 정리하고 설레는 물건에 둘러싸여 있으면 인생에도 설렘이 생긴다.

어질러진 공간에 있으면 어질러져 있는 마음만 있을 뿐이다. 자신의 공간을 깔끔히 정리하고 인생이라는 무대의 주인공이 되어보자. 당신의 빛나는 인생이 시작될 것이다.

정리로 빛나는 인생을 살다

책을 쓰자니 어떻게 써야 할지 걱정이 많았다. 그러나 어느 정도 원고를 쓰고 나니 책 쓰기가 정리와 비슷하다는 사실을 깨닫게 되었다. 처음에는 책의 내용을 채우는 일이 가능할까, 내 머릿속에 들어 있는 것이 부족하지 않을까 무척 걱정스러웠다. 그런데 책을 쓰는 동안 머릿속에서, 가슴속에서 하고 싶은 얘기가 너무 많아 오히려 고민이 되었다. 쓰고 싶은 내용을 다 쓰려면 책이 500페이지는 넘을 것 같았기 때문이다. 놀라운 반전이었다.

냉장고 정리를 설명하는 강의는 네 시간 정도다. 옷장 정리에서 옷 접기 부분만 설명해도 두 시간 정도 소요된다. 이런 설명을 책 몇 페이지에 담아낸다는 것은 사실 어려운 일이다.

정리의 시작은 버리는 것에서 비롯되듯이 책 쓰기도 하고 싶은 얘기 중에서 어떤 것은 버려야 했다. 그리고 꼭 필요한 얘기들을 핵심만 담아서 쓰고, 이 책을 읽는 독자가 그 내용을 이해하고 실천할 수 있도록 해야 했다.

어떤 걸 버리고 어떤 걸 남기는가 하는 선택은 물건 정리에서뿐 아니라 사업에서도, 공부에서도, 인생에서도 무척 중요하다. 어떤 것을 배우고 어

278

떤 것을 배우지 않을 것인가의 선택이다. 왜냐하면 세상의 모든 것을 다 배울 수 있을 만큼 인생은 길지 않기 때문이다. 원고를 집필하면서 뜻하지 않은 선물처럼 얻은 커다란 깨달음이었다.

이렇게 기분 좋은 선물을 주는 정리 컨설팅 일을, 수납 강사 활동을 나는 사랑한다. 그 사랑을 외치고 싶고, 널리 알리고 싶다. 내 능력이 되는 한 말이다. 정리가 주는 감동과 사랑을 전하고, 여러 사람이 깨닫고 실천했으면 하는 간절한 바람으로 이 책을 썼다.

얼마 전 군대에 간 아들이 외박을 나왔다. 식당에서 삼겹살을 안주 삼아 막걸리를 주거니 받거니 하면서 이런 이야기를 했다.

"아빠가 책을 쓰고 있단다. 앞으로는 윤 작가라고 불러다오."

나는 농담 삼아 한 이야기인데 아들 녀석이 정색을 하고 말한다.

"아빠 책이 출간되면 그때 윤 작가라고 불러줄게요."

여태까지 마신 막걸리가 확 깨는 순간이었다. 그리고 이런 생각을 했다.

'아들놈에게 윤 작가라는 소리를 듣기 위해서라도 책을 잘 써야겠구나.'

책이 출간되는 날, 나는 이 책을 들고 아들에게 면회를 가려고 한다.

"아들아, 이제 아빠를 윤 작가라고 불러다오. 이 책을 읽고 네가 있는 공간을 정리해봐라. 그리고 정리로 시작하는 빛나는 인생을 살아보렴."

이 책을 통해 정리의 진정한 의미를 깨닫고, 정리가 독자 여러분의 인생에 새로운 출발점이 되기를 진심으로 바란다.

끝으로 이 책을 출간할 수 있도록 이끌어준 기술사이면서 현재 작가의 길을 걷고 있는 김부건 님에게 감사의 말씀을 드린다. 수납 전문가의 길을

갈 수 있도록 등대가 되어준 정경자 사장님, 첫 번째 스승인 김고은 선생님, 꾸지람 뒤에 항상 따스한 마음과 인자한 웃음을 보여주는 서지홍 선생님, 소녀 같은 미소로 일하는 곳마다 포근함을 주는 정민주 선생님, 그리고 좋은 일이나 궂은일이나 마다하지 않고 함께해준 여러 선생님에게 무한한 감사를 드린다. 이 글을 완성하고 책이 나오기까지 묵묵히 나의 곁에서 든든한 버팀목이 되어준 아내에게 이 책을 바친다.